Das Elefantenbuch

4

Schreiben und Rechtschreiben

Druckschrift

AF637722

Schroedel
westermann

Ein neuer Elefant im Zoo

In der Nacht kommt ein Elefantenbaby zur Welt.
Zuerst bleibt seine Tante bei ihm,
damit die Mutter sich von der Geburt erholt.
Wenn sich der kleine Elefant bewegt,
läuft die ganze Elefantenherde mit.
Sie achtet darauf, dass er nicht zu wild tobt
oder ins Wasserbecken fällt.
Der Tierarzt untersucht das Elefantenbaby.

1 Wer achtet auf das Elefantenbaby? ☐ der Tierarzt ☐ die Elefantenherde

2 Kennzeichne die gebeugten Formen dieser Verben im Text.

achten bewegen bleiben erholen fallen kommen laufen toben untersuchen

3 Setze passende Verben aus dem Text ein.

Die Tante ______________ bei dem Baby.

Manchmal ______________ der kleine Elefant sehr wild.

Dann ______________ die ganze Herde darauf,

dass das Baby nicht ins Wasserbecken ______________ .

4 Schreibe auf, aus welchen Wörtern diese Nomen zusammengesetzt sind.

das Elefantenbaby die Elefantenherde der Tierarzt das Wasserbecken

der ______________

das ______________

____

____

____

____

____

____

5 Schreibe Sätze und kennzeichne die Adjektive.

das Baby		lieb
die Mutter	ist	schwach
die Tante		gesund

6 Schreibe die Überschrift und die erste Zeile des Textes ab. Füge einen Schluss hinzu.

7 Schreibe die Verben aus Aufgabe 2 in verschiedenen gebeugten Formen.

8 Schreibe mit den Adjektiven aus Aufgabe 5 einige Sätze.

9 Schreibe den Text mit deinem Schluss ab.

Elefantenkuh ausgerissen

Die Elefantenkuh Sabu lebt im Zirkus.
Gestern lief Sabu davon.
Sie wollte im kühlen Wasser baden und spielen,
darum rannte sie zum Fluss.
Eine Tierpflegerin fand Sabu
und brachte sie schnell zum Zirkus zurück.
Zum Glück ist bei dem Abenteuer nichts passiert.

1 Schreibe die roten Wörter nach Wortarten geordnet.

Nomen mit Artikel	Verben in der Grundform

2 Ordne die Pronomen **er**, **sie** oder **es** den Nomen zu.

Nomen	der Elefant	die Elefantenkuh	das Elefantenbaby
Pronomen			

Nomen	der Zoo	die Tierpflegerin	das Wasser
Pronomen			

3 Schreibe Sätze mit den Wörtern aus Aufgabe 1.

4 Schreibe eine Elefantengeschichte.

Elefanten im Zoo

Der Elefant ist als Zootier sehr beliebt.
Die großen und kleinen Besucher sehen zu,
wenn er im Wasserbecken badet.
Spritzt der Elefant mit seinem langen Rüssel,
werden die Zuschauer nass.
Das finden alle Leute sehr lustig.

5 Schreibe die blauen Adjektive in den Vergleichsstufen:
groß, größer, am größten, …

6 Welche Wortarten erkennst du? Verbinde, was zusammengehört.

Wir besuchen die große Elefantenherde.

Verb	Pronomen	Adjektiv	Artikel	Nomen

Du fotografierst das kleine Elefantenbaby.

7 Schreibe selbst solche Sätze wie in Aufgabe 6.

Nomen, Artikel, Verben, Pronomen und Adjektive sind **Wortarten**.

Hund entlaufen

Struppi hat ein braunes, weiches Fell.
Seine Ohren sind kurz, spitz und niedlich.
Unter dem linken Auge hat er
einen schwarzen Fleck.
Seit Montag ist Struppi weg.
Nun sind wir sehr traurig.
Wer hat unseren Hund gesehen?
Wir wohnen im Gartenweg 44.
Unsere Telefonnummer ist 739664.
Anna und Max

1 Wo hat Struppi einen schwarzen Fleck? Male und schreibe.

2 Schreibe die Wörter.

n u n / s e i n e s e i t u n s e r e u n t e r w e r w i r

3 Kennzeichne im Text die Wörter aus Aufgabe 2.
Dabei merkst du, dass man am Satzanfang immer großschreibt.

4 Bilde Sätze mit mehreren Adjektiven.

Struppis Ohren Struppis Zähne Struppis Augen	sind	groß klein weiß	,	lustig kurz braun	und	niedlich spitz scharf	.

5 Schreibe den Satz und setze das Komma.

S T R U P P I S F E L L I S T K U R Z B R A U N U N D W E I C H .

6 Schreibe die Überschrift und die ersten beiden Sätze des Textes ab.
Füge einen Satz aus den Denkblasen hinzu.

7 Schreibe Sätze mit Aufzählungen.

8 Schreibe den Text ab. Du kannst auch ein anderes Tier wählen.

Zwischen Wörtern, mit denen man etwas aufzählt, steht ein **Komma**.

Bei Aufzählungen steht vor und kein Komma.

1 Ordne die Aufzählungen zu und beantworte die Fragen: Struppi ist …

(1) Wie ist Struppi?	
(2) Was frisst Struppi?	
(3) Was kann Struppi gut?	

2 Verbinde.

Satzzeichen		Satzart
Punkt	Womit spielt Struppi gern?	Ausrufesatz
Ausrufezeichen	Struppi spielt gern mit dem Ball.	Fragesatz
Fragezeichen	Struppi, hole den Ball!	Aussagesatz

3 Schreibe zu jeder Satzart einen Satz: Aussagesatz, Fragesatz, Ausrufesatz.

4 Ergänze die Zeichen am Ende der Sätze: Punkt, Fragezeichen oder Ausrufezeichen.

5 Schreibe die Sätze mit den Satzschlusszeichen auf.

6 Schreibe die Sätze als Fragen auf.

Bello frisst gern Fleisch. Er schläft in einem Korb. Er rennt am liebsten durch den Wald.

7 Was weißt du über Katzen? Schreibe.

Aussagesatz, Fragesatz und Ausrufesatz sind **Satzarten**.

Der Hund kommt her.
Kommt der Hund her?
Komm her!

Gefunden

Das Telefon klingelt.
Anna nimmt schnell den Hörer ab.
Frau König meldet sich.
Sie sagt: „Ich habe einen kleinen Hund gefunden."
„Ob das unser Struppi ist?", fragt Anna.
„Er hat ein rotes Halsband", antwortet Frau König.
Anna ruft: „Das ist er bestimmt!
Dürfen wir gleich kommen und Struppi abholen?"

1 Welche Farbe hat Struppis Halsband? Male.

2 Kennzeichne im Text diese Begleitsätze.

Sie sagt: | fragt Anna. | antwortet Frau König. | Anna ruft:

3 Schreibe mit Begleitsätzen ab, was Frau König sagt.
Kennzeichne den Begleitsatz vor und nach der wörtlichen Rede.

4 Schreibe ein Gespräch zwischen Max und Anna. Wähle einige Sätze aus.

sagt: ruft: fragt:
„Wer war am Telefon?"
„Das ist ja toll!"
„Lass uns losgehen!"

antwortet: sagt: ruft:
„Eine Frau hat Struppi gesehen."
„Ich bin so froh!"
„Wir können ihn gleich abholen."

5 Ordne jeweils wörtliche Rede und Begleitsatz zu. Schreibe das Gespräch.

„Struppi ist wieder da!“,	fragt die Mutter.
„Wer hat ihn gefunden?“,	antwortet Anna.
„Er ist bei Frau König“,	ruft Anna.

6 Schreibe die letzten zwei Zeilen des Textes ab und füge einen Schluss hinzu.

7 Schreibe den Text mit deinem Schluss ab.
Du kannst auch in der Vergangenheit schreiben:
klingelte, nahm, meldete, sagte, fragte, anwortete, rief.

1 Setze die Begleitsätze in das Gespräch ein.

Die Kinder fragen	Frau König sagt	Frau König erzählt
antwortet Frau König	meinen die Kinder	wollen die Kinder wissen

_______________: „Wo haben Sie Struppi gefunden?“

„Er war bei mir im Garten“, _______________.

„Was hat er dort gemacht?“, _______________.

_______________: „Er bellte ganz laut.“

„Sicherlich hatte er Hunger“, _______________.

_______________: „Ich habe ihm Futter gegeben.“

2 Schreibe die Sätze und setze alle Satzzeichen.

Max sagt Struppi kommt an die Leine	Struppi, bei Fuß ruft Anna

____

____

3 Schreibe das Gespräch aus Aufgabe 1 ab.
Kennzeichne den Begleitsatz vor und nach der wörtlichen Rede.

4 Setze die fehlenden Satzzeichen: Doppelpunkt, Redezeichen und Komma.

Max sagt Zu Hause werde ich gleich mit Struppi spielen.

Lass ihn doch erst einmal in Ruhe! schimpft Anna.

Max erwidert Bestimmt will er mit seinem Ball spielen.

Das glaube ich nicht! antwortet Anna.

Doch! ruft Max.

Anna murmelt Das werden wir ja sehen.

Max fragt Wollen wir ihm ein neues Spielzeug kaufen?

5 Schreibe das Gespräch ab. Vergiss die Satzzeichen nicht.

6 Schreibe die Sätze mit allen Satzzeichen.

S T R U P P I W I L L B E S T I M M T S C H L A F E N S A G T A N N A

M A X M E I N T A B E R S T R U P P I M U S S N O C H T O B E N

Wenn der Begleitsatz vor der wörtlichen Rede steht, setzt man einen **Doppelpunkt**.

Wenn der Begleitsatz nach der wörtlichen Rede steht, setzt man ein **Komma**.

Neustadt, 24.10.20

Liebe Frau König!

Vielen Dank für Ihre Hilfe.
Wir sind froh, dass Sie Struppi gefunden haben.

Als wir nach Hause kamen,
rannte er aufgeregt durch die ganze Wohnung.
Er brachte uns seinen Ball und wollte spielen.
Aber dann rollte er sich in seinem Korb zusammen.
Sofort schlief er ein, so müde war er.
Wir bedanken uns noch einmal bei Ihnen.

1 Was machte Struppi in seinem Korb?

2 Kennzeichne im Brief die drei Anredepronomen **Ihre, Ihnen, Sie**.
Schreibe die Sätze ab, in denen die Anredepronomen vorkommen.

3 Schreibe die Sätze.

WIRMÖCHTENUNSBEIIHNENGANZHERZLICHBEDANKEN.
BESTIMMTKÖNNENSIESICHVORSTELLEN,WIEFROHWIRSIND.

Viele Grüße senden Ihnen
Ihre Anna und Ihr Max

♥-lichst
Anna und Max

Mit freundlichen Grüßen
Anna und Max

...

4 Schreibe den letzten Abschnitt des Briefes ab. Wähle einen Gruß aus und füge ihn hinzu.

5 Schreibe den Gruß.

H E R Z L I C H S T I H R E K I N D E R A U S D E M G A R T E N W E G

6 Schreibe einen Brief an **Frau ...** oder **Herrn ...** .

Die Anredepronomen
Sie, Ihre, Ihnen
schreibt man im Brief **groß**.

Liebe Oma,

wir möchten ________ schnell schreiben.

Unser Struppi ist wieder da. Sicher kannst ________ ________ unsere Freude vorstellen. Frau König hat Struppi gefunden. Sie hat sogar Fotos gemacht.

Wir schicken ________ die Bilder mit.

Viele Grüße

________ Anna und ________ Max

1 Setze die Anredepronomen **Du, Dir, Dein, Deine** ein.

2 Schreibe die E-Mail als Brief auf.
Füge den Wohnort und ein Datum hinzu.

________________ , ________________

3 Schreibe den Gruß.

VIELGLÜCKUNDGESUNDHEITWÜNSCHENDIRDEINEENKELKINDER

Kirchheim, 25.10.20

Hallo, Anna und Max,

mit den Bildern habt ________ mir

eine große Freude gemacht.

Ich danke ________ herzlich.

Ich freue mich mit ________ ,

dass ________ Struppi wieder da ist.

Viele Grüße sendet ________

________ Oma

4 Setze in den Brief die Anredepronomen **Ihr, Euch, Euer, Eure** ein.

5 Schreibe den Brief ab und kennzeichne die Anredepronomen.

6 Schreibe eine Grußkarte an deine Oma oder deinen Opa.

Die Anredepronomen Du, Dein, Dir, Dich und Euch, Euer, Ihr schreibt man im Brief **auch klein**.

Pia steigt auf ihr Fahrrad.
„Ich fahre zum Fußballplatz“, sagt sie.
„Na, dann viel Spaß!“, ruft Vater ihr nach.
„Aber sei um vier Uhr wieder hier.“

Kaum sitzt Pia auf ihrem Rad,
da merkt sie, dass ein Reifen Luft verliert.
Pia ärgert sich sehr:
„Das kann doch nicht wahr sein!
Nun muss ich den Reifen auch noch reparieren.“

1 Schreibe eine Überschrift.

2 Kennzeichne im Text die Wörter mit **ie**. Schreibe sie.

3 Schreibe die Wörter nach Wortarten geordnet. Kennzeichne **ie**.

lieb/SpielschließenriesigschwierigPapierliebengießenDiebfliegen

Nomen

Verben

Adjektive

4 Suche die Verben in der Wörterliste und schreibe die Sätze.

Pia muss das Fahrrad r 24 . Ein Reifen v 11 Luft.
Sie schimpft: „Immer muss mir das p 11 !“

5 Schreibe den letzten Abschnitt des Textes ab und füge einen Schluss hinzu.

6 Ordne die Wörter aus Aufgabe 3 nach dem Alphabet.

7 Suche in der Wörterliste unter **S s** Wörter mit **ie**.

8 Schreibe die Verben **reparieren** und **verlieren** in den gebeugten Formen mit **ich, du, er, wir, ihr, sie**.

9 Schreibe den Text mit deinem Schluss ab.

1 Schreibe die Wörter und den Zungenbrecher in die Räder und kennzeichne **ie**.

2 Schreibe die Sätze in der Vergangenheit: Melek ließ …
Kontrolliere mit der Wörterliste.

Melek lässt Pia mit dem Rad fahren. Plötzlich hält Pia an.
Sie steigt vom Rad und ruft Melek. Melek läuft zu ihr.

3 Schreibe die Sätze in der Gegenwart: Pia beschließt …

Pia beschloss auf den Spielplatz zu fahren. Plötzlich lag ein Ball auf dem Weg. Sie sah ihn zu spät und flog fast vom Rad.

4 Schreibe die Reimwörter und setze **schließen** mit den Wortbausteinen zusammen.

5 Löse das Silbenrätsel. Kennzeichne das **i**.

sik Ma di Kro no Ti zin
Me dil Mu ger ko Ki ne schi

6 Schreibe mit den Nomen aus Aufgabe 5 einige Sätze.

7 Welche Maschinen kennst du? Schreibe dazu.

In manchen Wörtern wird für den langen Selbstlaut „i“ nur i geschrieben.

Kino, Maschine, Tiger

Gestohlen

Melek findet ihr Fahrrad nicht wieder.
„Es ist gestohlen!“, ruft sie.
Pia lacht: „Wer soll wohl das alte Teil stehlen?
Vielleicht ist es hinter dem Haus.“
Aber Melek weiß ganz genau,
dass ihr Rad hier am Baum stand.
„Vielleicht hat jemand das falsche Rad genommen“,
meint Leon. „Warum schließt du dein Rad auch nie ab?“
„Was mache ich jetzt ohne mein Rad?“, fragt Melek.

1 Wo stand Meleks Fahrrad?

2 Kennzeichne im Text sechs Wörter mit **ah, eh, ih** und **oh**. Schreibe sie.

3 Schreibe die Wörter nach Wortfamilien geordnet.

stiehlt	Fahrt	stahl	Fahrrad	Diebstahl	gestohlen	fuhr	fährt

fahren

stehlen

4 Schreibe die Fragen der drei Kinder auf. Vergiss die Redezeichen nicht.

Pia fragt:

Leon fragt:

Melek fragt:

Melek ruft ihre Mutter an.
Mutter holt Melek mit dem Auto ab.

Die Kinder laufen zur Polizei.
Melek erzählt, was passiert ist.

Die Kinder …

5 Schreibe die drei Sätze, in denen **Melek** vorkommt, und füge einen Schluss hinzu.

6 Suche Wörter zu den Wortfamilien **wohnen** und **zahlen**. Kontrolliere mit dem Wörterbuch.

7 Suche in der Wörterliste in der Spalte **I i** Wörter mit **ih** und schreibe Sätze damit.

8 Schreibe den Text mit deinem Schluss ab.

1 Suche die Verben in der Wörterliste.
Schreibe sie auch nach Silben getrennt: ziehen, zie – hen, …

2 Setze die Verben aus Aufgabe 1 in der passenden gebeugten Form ein.

Der Junge ________ den Wagen. Auf der Wiese ________ es bunt.
Die Frau ________ mit dem Kind spazieren. Das Rad ________ am Baum.
Das Windrad ________ sich schnell. Der Mann ________ sich aus.

3 Schreibe die Verben mit den Wortbausteinen **ab-**, **an-**, **auf-** und **um-**.

drehen
ziehen

4 Bilde Sätze mit den Verben aus Aufgabe 3.

5 Bilde Nomen aus den Silben.
Schreibe sie auch nach Silben getrennt: Ruhe, Ru – he, …

6 Schreibe die Wörter nach Wortfamilien geordnet.

beruhigen	stehen	ausruhen	anstehen	er steht
der Stehplatz	die Ruhe	verstehen	ruhig	er ruht

ruhen

stehen

7 Schreibe die Wörter aus Aufgabe 6 nach Silben getrennt.

8 Schreibe die Verben **gehen** und **sehen** mit Wortbausteinen.

In der Grundform der Verben kann man das h am Silbenanfang hören: ge – hen, se – hen

Das h bleibt in allen gebeugten Formen des Verbs erhalten.

Am See

Janik und Pia sind mit ihren Eltern
an den See gefahren.
Dort haben sie ihre Räder an den Baum gestellt.
Vater hat ein Boot geliehen.

Janik rudert.
„Das strengt an!", ruft er.
„Jetzt habe ich Hunger und Durst."
Da packt Vater Brote und ein paar Äpfel aus.
„Aber wo ist der Tee?", fragt Pia.

1 Was hat die Familie vergessen?

____

2 Kennzeichne im Text die vier Wörter mit **aa, ee, oo** und schreibe sie.

____

3 Schreibe die Nomen mit Artikel geordnet auf.

aa	______________________________
ee	______________________________
oo	______________________________

4 Bilde zusammengesetzte Nomen.

Motor		______________
Segel	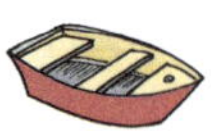	______________
Ruder		______________

		Verleih	______________
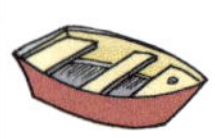	s	Fahrt	______________
		Ausflug	______________

Janik sagt:

„Ich habe Wasser in meiner Flasche.“

„Dann kaufen wir nachher etwas.“

„ . . . .“

5 Zwei, die zusammengehören, bilden ein Paar. Setze **Paar** oder **paar** ein.

 ein __________ Schuhe

 ein __________ Handschuhe

 ein __________ Äpfel

 ein __________ Kinder

6 Schreibe die letzten beiden Zeilen des Textes ab und füge einen Schluss hinzu.

____

____

____

____

____

7 Ordne die Wörter aus Aufgabe 3 nach dem Alphabet.

8 Bilde Sätze mit **Paar** und **paar**.

9 Schreibe möglichst viele Wörter mit **aa**, **ee** und **oo** auswendig auf. Kontrolliere mit der Wörterliste oder dem Wörterbuch.

10 Schreibe den Text mit deinem Schluss ab.

Es gibt nur wenige Wörter mit **doppeltem Selbstlaut**.

paar, See, Boot

Wir sind mit dem Boot zu einer kleinen Insel gefahren.

Ich bin gleich ins Wasser gesprungen.

Mutter ist mit mir um die Wette geschwommen.

Vater ist mit Pia an Land geblieben.

1 Die roten Verben stehen im Perfekt.
Schreibe sie: wir sind gefahren, …

wir	______
ich	______
sie	______
er	______

2 Setze die richtige Form von **sein** ein.

ich	______	gelaufen	wir	______	geblieben
du	______	gefahren	ihr	______	geflogen
er	______	gefallen	sie	______	gegangen

3 Schreibe die Sätze im Perfekt.

Pia blieb im Boot.	______
Wir liefen um die Insel.	______
Ich fiel ins Wasser.	______

4 Schreibe mit den Verben
aus Aufgabe 2 Sätze im Perfekt.

Am Nachmittag hat es geregnet.

Schnell haben wir alle Sachen ins Boot gebracht.

Auf einmal hat Vater gerufen:

„Habt ihr meine Schuhe gesehen?“

5 Die roten Verben stehen im Perfekt. Schreibe sie.

es	______________
wir	______________
er	______________
ihr	______________

6 Setze die richtige Form von **haben** ein.

ich	________	gefunden	wir	________	gebaut
du	________	gesagt	ihr	________	gegessen
er	________	gelegen	sie	________	gesungen

7 Schreibe die Sätze im Perfekt.

Alle suchten Vaters Schuhe. Pia fand sie schließlich. Sie lagen noch im Sand.

8 Suche in der Wörterliste Verben, die im Perfekt mit einer Form von **haben** gebildet werden.

Das **Perfekt** ist eine **Vergangenheitsform**, die aus zwei Teilen besteht.

Es wird mit einer Form von haben oder sein gebildet:
sie sind gefahren,
sie haben gesungen

Ufo

Am Wochenende wollen Tom und Paul ein tolles Fluggerät basteln: ein Ufo. Sie lesen gemeinsam die Bauanleitung.

- Schneide aus festem Papier zwei Streifen aus.
- Klebe die Papierstreifen zu zwei Ringen zusammen.
- Zum Schluss mache die Ringe mit Klebeband an den Enden eines Strohhalmes fest.

Paul ruft: „Das probieren wir jetzt aus!“

1 Welche Werkzeuge brauchst du? ☐ Schere ☐ Säge ☐ Hammer ☐ Lineal

2 Kennzeichne die sechs zusammengesetzten Nomen im Text. Schreibe sie mit Artikel.

3 Verbinde, was zusammenpasst, und schreibe zusammengesetzte Nomen mit Artikel.

bunt	kleben	Woche	der Flug	basteln
das Papier	der Tag	der Streifen	die Anleitung	der Platz

4 Bilde zusammengesetzte Nomen und schreibe sie mit dem bestimmten Artikel.

T 14 

k 10 

v 26 

w 22 

5 Kennzeichne das letzte Wort in den zusammengesetzten Nomen. Ergänze den Artikel.

______ Buntstift	______ Bastelschere	______ Trinkhalm
______ Spielzeug	______ Schreibpapier	______ Kleberolle

6 Schreibe die Bauanleitung ab. Füge einen Schluss hinzu.

7 Bilde zusammengesetzte Nomen mit **Tag** und **Flug**. Arbeite mit dem Wörterbuch.

8 Schreibe den Text mit deinem Schluss ab.
Du kannst dabei die Bauanleitung auch in Stichworten schreiben.

Bei **zusammengesetzten Nomen** richtet sich der **Artikel** immer nach dem letzten Wort.

der Strohhalm,
die Bastelschere,
das Buntpapier

1 Setze Nomen ein, die zum Bild passen.

1 Pauls Ufo saust über den ______ .

2 Es fliegt um die ______ .

3 Dann bleibt es neben der ______ liegen.

4 Toms Ufo fliegt über das ______ .

5 Es dreht eine Runde über der ______ .

6 Schließlich landet es auf dem ______ .

Stehlampe | Schreibtisch | Blumenvase | Zimmerpflanze | Kleiderschrank | Fensterbrett

2 Verbinde und schreibe zusammengesetzte Nomen mit Artikel: der Ausflug, …

aus	der Kleber
hinter	der Flug
auf	der Grund
über	der Name
unter	der Fall
nach	das Hemd

3 Schreibe Sätze mit den Nomen aus Aufgabe 2.

4 Setze Nomen ein, die zum Bild passen.

Auf dem Sofa liegt die ________________ .

Unter dem Tisch stehen ________________ .

An der Wand hängt ein ________________ .

Hinter dem ________________ sitzt eine Maus.

Neben der Tür liegt ein ________________ .

Durch das Fenster scheint der ________________ .

Turnschuhe

Hauskatze

Bücherschrank

Fußball

Vollmond

Tierbild

5 Suche die Wörter in der Wörterliste und schreibe die zusammengesetzten Verben.

	a 41	schreiben	________________
	a 17	rufen	________________
	d 42	schneiden	________________
	n 1	denken	________________
	u 6	ziehen	________________

6 Schreibe Sätze mit den Verben aus Aufgabe 5.

7 Wohin könnte dein Ufo fliegen? Schreibe.

Der Bumerang

Heute zeigt der Vater Paul ein altes Bastelbuch.
„Das war meins, als ich ein Kind war“, sagt er.
Paul fragt den Vater: „Bastelst du mit mir?“
Er zeigt dem Vater die Bauanleitung
für einen Bumerang.
„Den Bumerang will ich basteln“, ruft Paul.
Dann holt er Pappe und eine Schere
vom Schreibtisch des Vaters.
„Kannst du die Streifen schneiden?“, fragt Paul.

1 Was soll der Vater tun? ☐ kochen ☐ schneiden ☐ nachdenken

2 Im Text steht das Nomen **Vater** in den vier Fällen. Kennzeichne es mit dem Artikel.

3 In diesen Sätzen fehlt das Nomen **Vater** in den vier Fällen. Ergänze es mit dem Artikel.

Heute zeigt ______ ____________ Paul ein altes Buch.

Paul fragt ______ ____________ , ob er mit ihm bastelt.

Er zeigt ______ ____________ eine Bauanleitung.

Dann holt Paul die Schere vom Schreibtisch ______ ____________ .

4 Vervollständige die Tabelle.

Geschlecht / Fall	männlich	weiblich	sächlich
Nominativ (Wer oder was?)	der Vater	______ ____________	______ ____________
Akkusativ (Wen oder was?)	______ ____________	die Mutter	das Kind
Dativ (Wem?)	______ ____________	______ ____________	______ ____________
Genitiv (Wessen?)	des Vaters	der Mutter	des Kindes

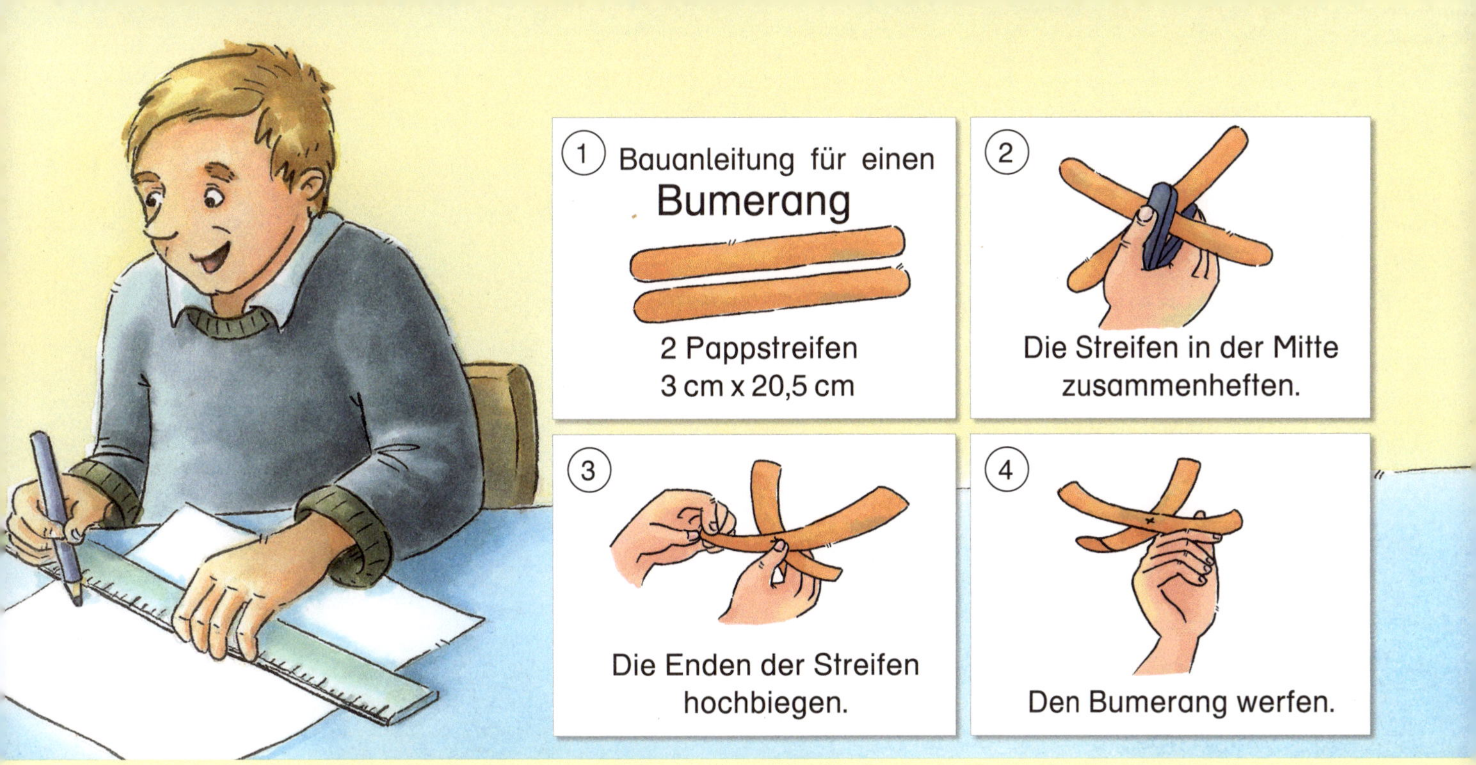

5 In diesen Sätzen fehlt das Nomen **Mutter** in den vier Fällen. Ergänze es mit dem Artikel. Kontrolliere mit der Tabelle aus Aufgabe 4.

Heute will ______ ____________ mit Paul basteln.

Paul bittet ______ ____________ , mit ihm ein Flugzeug zu bauen.

Er zeigt ______ ____________ Vaters altes Bastelbuch.

Dann holt er Papier vom Schreibtisch ______ ____________ .

6 Vervollständige die Bauanleitung für den Bumerang.

Du brauchst ______ ____________ in der Größe von 3 cm x 20,5 cm.

Hefte die beiden Streifen in ______ ____________ zusammen.

Jetzt musst du die Enden ______ ____________ hochbiegen.

Nun kannst du üben, wie man ______ ____________ wirft.

7 Schreibe Sätze, in denen das Nomen **Kind** in verschiedenen Fällen vorkommt.

8 Schreibe die Bauanleitung aus Aufgabe 6 in der **ich**-Form.

9 Schreibe den Text ab.

Nomen können in **vier Fällen** gebraucht werden.
Dann verändert sich der Artikel.

Der Vater bastelt.
Paul ruft den Vater.
Paul hilft dem Vater.
Es ist das Buch des Vaters.

1 Ergänze die Sätze mit Nomen im Nominativ.

der Bumerang	das Fluggerät	die Schwester

Paul ist stolz, denn ______ ________________ ist fertig.

Auch ______ ________________ bewundert das Kunstwerk.

Nun soll ______ ________________ getestet werden.

2 Ergänze die Sätze mit Nomen im Akkusativ.

den Bumerang	das Küchenfenster	die Luft

Paul nimmt ______ ________________ in die Hand.

Er wirft ihn hoch in ______ ________________ .

Da fliegt der Bumerang gegen ______ ________________ .

3 Schreibe diese Sätze. Kennzeichne das Nomen, das in allen vier Fällen vorkommt.

Der Hund schläft in seinem Körbchen.
Die Mutter ruft den Hund.
Sie will mit dem Hund spazieren gehen.
Sie holt die Leine des Hundes.

4 Ergänze die Sätze mit Nomen im Dativ.

dem Autodach | dem Bumerang | der Schwester

Jetzt rennt die Schwester mit ______ ______________ .

Paul will ______ ______________ helfen.

Aber der Bumerang landet auf ______ ______________ .

5 Ergänze die Sätze mit Nomen im Genitiv.

des Baumhauses | der Tanne | des Bumerangs

Paul fasst einen Flügel ______ ______________ und wirft ihn hoch.

Der Bumerang fliegt um die Spitze ______ ______________ .

Dann landet er auf dem Dach ______ ______________ .

6 Schreibe diese Sätze vollständig, indem du **die Katze** oder **der Katze** einsetzt.

So fühlt sich ___ _____ wohl: Paul füttert ___ _____ täglich.

Er spielt viel mit ___ _____. Er pflegt regelmäßig das Fell ___ _____.

7 Schreibe die Sätze aus Aufgabe 6 mit dem Nomen **Pony**.

Im Keller

Leonie und Anton räumen
mit ihrem Opa den Keller auf.
Opa sagt: „Morgen werden die alten Sachen abgeholt.
Wir müssen alles an die Straße stellen."

Die Kinder finden eine alte Kiste.
„Was ist denn da wohl drin?", will Anton wissen.
Doch die Kiste ist verschlossen.
Anton fragt: „Opa, kannst du das Schloss öffnen?"
„Hoffentlich passt ein Schlüssel", antwortet Opa.

1 Was finden die Kinder im Keller?

____

2 Kennzeichne im Text die Wörter mit doppelten Mitlauten: **ff**, **ll**, **nn** und **ss**.

3 Schreibe die Wörter geordnet. Kennzeichne die doppelten Mitlaute.

ff	
ll	
nn	
ss	

4 Suche die Wörter in der Wörterliste und schreibe sie.
Schreibe sie auch getrennt: essen, es – sen, Esstisch, Ess – tisch, …

e 28		E 32	
h 56		H 59	
r 19		R 23	
s 173		S 175	

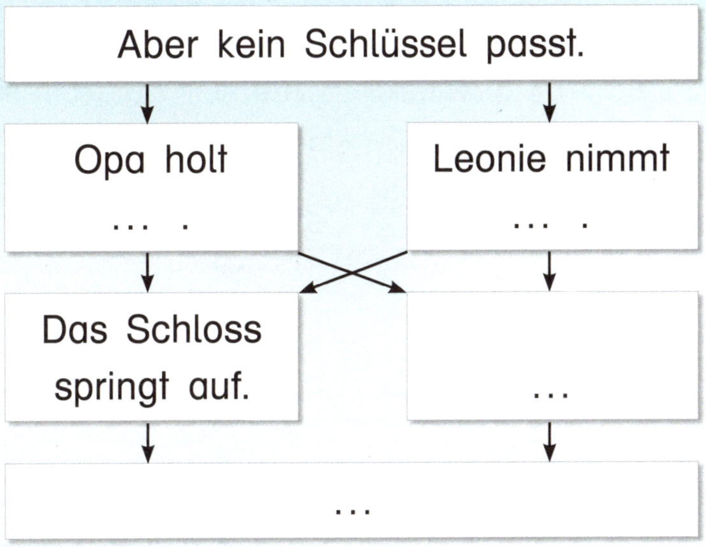

5 Schreibe die letzten drei Zeilen des Textes ab und füge einen Schluss hinzu.

6 Schreibe die Wörter nach den drei Wortfamilien **stellen**, **öffnen** und **wissen** geordnet.

offen gewusst Stelle wusste Öffnung
gestellt Wissenschaft geöffnet stellte

7 Schreibe das Verb **können** in gebeugten Formen: ich kann, du …

8 Suche in der Wörterliste unter **F f** Wörter mit doppeltem Mitlaut und schreibe sie getrennt.

9 Schreibe den Text mit deinem Schluss ab.
Du kannst auch in der Vergangenheit schreiben.

Doppelte Mitlaute stehen nur nach **kurzem Selbstlaut**:
Keller, wissen, öffnen

So werden Wörter mit doppelten Mitlauten **getrennt**:
hof – fen, **aber:** Hoff – nung

1 Bilde mit den Satzgliedern verschiedene Sätze.
Stelle immer ein anderes Satzglied an den Anfang.

2 Kennzeichne die Satzglieder.
Schreibe jeweils einen Fragesatz, indem du das Verb an den Satzanfang stellst.

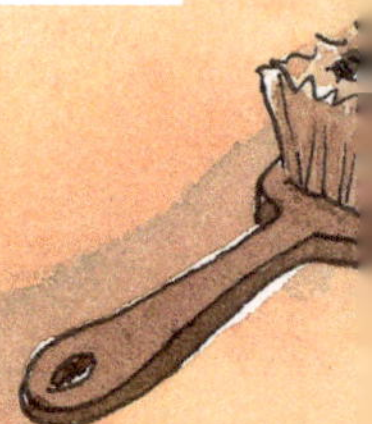

Eine Spinne / fällt plötzlich auf Antons Kopf.
Er schreit laut vor Schreck um Hilfe.

3 Schreibe Fragesätze.

Du hast Angst im Keller. Du magst Mäuse. Du gehst allein in den Keller.

Gleich will Leonie in dem Buch lesen.

Es ist leider sehr schmutzig.

Sie öffnet neugierig das alte Buch.

Leonie schaut enttäuscht hinein.

Sie kann aber diese Schrift nicht lesen.

Opa muss da helfen.

4 Stelle die Sätze um, indem du die roten Satzglieder an den Satzanfang setzt.

5 Schreibe verschiedene Sätze, indem du die Satzglieder mehrmals umstellst.

eine kleine Maus / rennt / blitzschnell / durch den Keller / in das Mauseloch

6 Bilde eigene Sätze und stelle sie mehrmals um.

Durch **Umstellen** der **Satzglieder** kann man einen Text verändern.

Häufig klingt der Text dann besser.

In dem alten Buch findet Leonie
zwei Stücke Papier.
Sie sind alt und schmutzig.
Aber Leonie sieht trotzdem,
dass etwas in alter Schrift darauf steht.

Leonie setzt die beiden Teile zusammen.
Plötzlich ruft sie: „Seht mal,
ich habe einen Schatz gefunden!
Sind wir jetzt reich?"

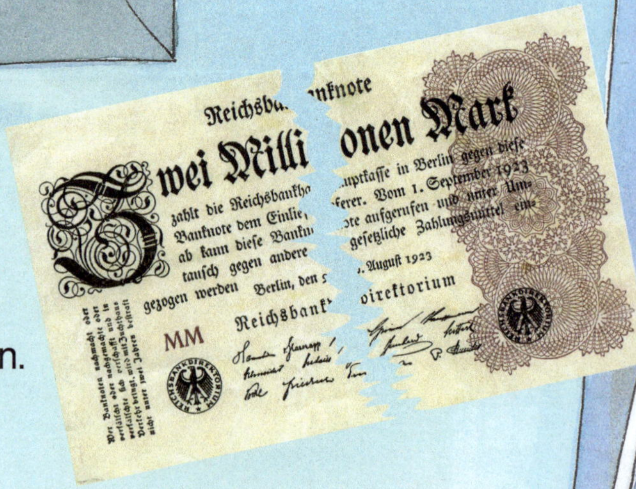

1 Schreibe eine Überschrift.

2 Kennzeichne im Text die sechs Wörter mit **tz** und schreibe sie.

3 Schreibe die Reimwörter. Kennzeichne den Buchstaben für den kurzen Selbstlaut vor **tz**.

Hitze 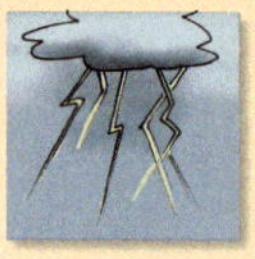

Tatze 

Pfütze 

4 Kennzeichne die Verben und schreibe sie. Schreibe sie auch getrennt: sitzen, sit – zen, …

s i t z e n / n ü t z e n b l i t z e n s c h ü t z e n s e t z e n s t ü t z e n

5 Schreibe den zweiten Abschnitt des Textes ab und füge einen Schluss hinzu.

6 Schreibe Sätze.

Auf meiner Mütze / In der Pfütze	sitzt	plötzlich / jetzt	eine	putzige / schmutzige	 .

7 Suche Wörter zur Wortfamilie **sitzen**. Arbeite mit dem Wörterbuch.

8 Schreibe gebeugte Formen von **schützen** im Perfekt: ich habe geschützt, du hast …

9 Schreibe den Text mit deinem Schluss ab.
Du kannst auch in der Vergangenheit schreiben.

Nur nach **kurzem Selbstlaut** steht tz:
Schatz, setzen, schmutzig

So werden Wörter mit tz **getrennt**: sit – zen,
aber: plötz – lich

	Subjekt	Prädikat	
1	Die Kiste	tastet in den Sachen.	◯
2	Anton	ist aber zu schnell.	◯
3	Eine Maus	ist offen.	◯
4	Opa	springt heraus.	◯
5	Die Maus	will sie fangen.	◯

1 Ordne die Subjekte zu, indem du die Ziffern einträgst.

2 Schreibe die Sätze und kennzeichne jeweils das Subjekt.

3 Ergänze das Subjekt: **Leonie, Anton, Opa, die Kiste, der Geldschein**

_____ hat sich schwer öffnen lassen.

_____ entdeckt einen Schatz in dem alten Buch.

_____ ist schmutzig und zerrissen.

_____ ärgert sich.

_____ kann die alte Schrift lesen.

4 Schreibe die Sätze und unterstreiche das Subjekt.

Leonie	(1)	eine Spinne.
Die Spinne	(2)	ein Netz.
Das Netz	(3)	aus feinen Fäden.
Oma	(4)	in den Keller.
Sie	(5)	ein Foto.

5 In jedem Satz fehlt das Prädikat. Trage die Ziffern ein.

◯ kommt ◯ besteht ◯ sieht ◯ macht ◯ baut

6 Schreibe die Sätze und kennzeichne jeweils das Prädikat.

7 Schreibe die Sätze. Kennzeichne das Subjekt und das Prädikat mit verschiedenen Farben.

In der Kiste findet Opa noch ein altes Fotoalbum.
Er zeigt den Kindern die Fotos.
Auf einem Foto erkennen die Kinder Oma.
Oma sitzt neben Opa im Auto.

Das **Subjekt** findet man mit der Frage: Wer oder was tut etwas?

Das **Prädikat** ist das Verb im Satz.

Opas Geheimnis

Die Kinder packen die Kiste aus.
Sie entdecken alte Kleider, Röcke und Jacken.
Leonie zieht einen Rock an.
Opa lacht: „Du siehst ja schrecklich aus!“
Anton probiert eine Jacke an.
Da fühlt er etwas in der Jackentasche.
„Hier steckt ein Ring!“, ruft Anton.
„Hast du ein Glück“, meint Leonie.
„Opa, kennst du den Ring?“, fragt Anton.

1 Was entdeckt Anton in der Jackentasche?

2 Kennzeichne im Text die zehn Wörter mit **ck**. Schreibe sie.

3 Schreibe die Wörter. Kennzeichne den Buchstaben für den kurzen Selbstlaut vor **ck**.

b 1 | B 3 | b 60 | B 76 | J 2 | p 3 | s 182 | v 16

4 Schreibe die Wörter aus Aufgabe 3 getrennt: ba – cken, ...

Opa sagt:

„Den habe ich schon lange gesucht."

„Vor vielen, vielen Jahren … ."

„ … ."

5 Kennzeichne jeweils, wo man die Wörter trennen kann.
Schreibe sie getrennt: Back – ofen, …

Backofen	Eckball	Glückwunsch	Guckloch	Rucksack	Dreckspatz

6 Schreibe die letzten drei Zeilen des Textes ab und füge einen Schluss hinzu.

7 Bilde mit den Nomen aus Aufgabe 3 zusammengesetzte Nomen: der Bäckerladen, …

8 Schreibe den Text mit deinem Schluss ab.

Nur nach **kurzem Selbstlaut** steht ck:
Glück, packen, schrecklich

So werden Wörter mit ck **getrennt**: ba – cken,
aber: Back – ofen

1 In den Antworten fehlen die Ergänzungen. Setze Nomen im Akkusativ ein:
den Vogel, den Opa, den Ring, den Salat

Was bewundert der Vater?	Der Vater bewundert ______ ______ .
Wen füttert Anton?	Anton füttert ______ ______ .
Was frisst der Vogel?	Der Vogel frisst ______ ______ .
Wen küsst die Oma?	Die Oma küsst ______ ______ .

2 Schreibe die Sätze und kennzeichne jeweils die Ergänzung: Nomen im Akkusativ.

____

____

____

____

3 Schreibe die Sätze und kennzeichne jeweils die Ergänzung: Nomen im Akkusativ.

Die Kinder fragen den Lehrer. Opa liest den Krimi.
Der Hund sieht den Vogel. Das Kind besucht die Oma.

4 Bilde Sätze mit den Verben **lesen, sehen, besuchen**
und einem Nomen im Akkusativ: Ich lese die Zeitschrift.

Elefantenbuch 4 Wörterliste

Name: ______________________

A a

1 **ab**
2 **Aben|teu|er**, das
3 die Aben|teu|er
4 **aber**
5 **acht**
6 **ach|ten**
7 er ach|tet
8 **al|le**
9 al|les
10 **al|lein**
11 **als**
12 **alt**
13 äl|ter
14 am äl|tes|ten
15 das Al|ter
16 **am**
17 **an**
18 **an|de|re**
19 **an|fan|gen**
20 sie fängt an
21 sie fing an
22 sie hat
an|ge|fan|gen
23 **Angst**, die
24 die Ängs|te
25 ängst|lich
26 **ängs|ti|gen**
27 er ängs|tigt
sich
28 **An|lei|tung**, die
29 die
An|lei|tun|gen
30 **an|stren|gen**
31 es strengt an
32 **ant|wor|ten**
33 er ant|wor|tet
34 **Ap|fel**, der
35 die Äp|fel
36 **är|gern**
37 er är|gert sich
38 **Arzt**, der
39 die Ärz|te
40 **auch**
41 **auf**
42 **auf|re|gen**
43 er regt sich auf
44 auf|ge|regt
45 die Auf|re|gung
46 **Au|ge**, das
47 die Au|gen
48 **aus**
49 **aus|ein|an|der**
50 **Aus|flug**, der
51 die Aus|flü|ge
52 **Au|to**, das
53 die Au|tos

B b

1 **ba|cken**
2 sie backt
(bäckt)
3 der Bäcker
4 **ba|den**
5 sie ba|det
6 **bald**
7 **Ball**, der
8 die Bäl|le
9 **Bank**, die
10 die Bän|ke
11 **Bär**, der
12 die Bä|ren
13 **bas|teln**
14 sie bas|telt
15 **Baum**, der
16 die Bäu|me
17 **bau|en**
18 sie baut
19 **Be|cken**, das
20 die Be|cken
21 **bei**
22 **bei|de**
23 **beim**
24 **Bein**, das
25 die Bei|ne
26 **bei|ßen**
27 er beißt
28 er biss
29 er hat ge|bis|sen
30 **be|kannt**
31 **be|kom|men**
32 er be|kommt
33 er be|kam
34 er hat
be|kom|men
35 **be|liebt**
36 **bel|len**
37 er bellt
38 **Berg**, der
39 die Ber|ge
40 **be|schlie|ßen**
41 er be|schließt
42 er be|schloss
43 er hat
be|schlos|sen
44 **be|ste|hen**
45 es be|steht
46 **be|stimmt**
47 **be|su|chen**
48 sie be|sucht
49 **be|we|gen**
50 er be|wegt sich
51 **Bild**, das
52 die Bil|der
53 **bis**
54 **Blatt**, das
55 die Blät|ter
56 **blei|ben**
57 er bleibt
58 er blieb
59 er ist
ge|blie|ben
60 **bli|cken**
61 sie blickt
62 **Blitz**, der
63 die Blit|ze
64 blit|zen
65 **blü|hen**
66 es blüht
67 **Boot**, das
68 die Boo|te
69 **braun**
70 **brin|gen**
71 er bringt
72 er brachte
73 er hat
ge|bracht
74 **Brot**, das
75 die Bro|te
76 **Brü|cke**, die
77 die Brü|cken
78 **Bru|der**, der
79 die Brü|der
80 **Buch**, das
81 die Bü|cher
82 **Bu|me|rang**, der
83 **bunt**
84 **Burg**, die
85 die Bur|gen
86 **Bus**, der
87 die Bus|se

C c

1 **Co|mic**, der
2 die Co|mics
3 **Com|pu|ter**, der
4 die Com|pu|ter
5 **Corn|flakes**, die

D d

1 **da**
2 **Dach**, das
3 die Dä|cher
4 **da|mit**
5 **Dank**, der
6 dan|ke
7 dan|ken
8 **dann**
9 **da|rauf**
10 auch: dar|auf
11 **da|rum**
12 auch: dar|um
13 **das**
14 **dass**
15 **dein**
16 dei|ne
17 **dem**
18 **den**
19 **den|ken**
20 sie denkt
21 sie dach|te
22 sie hat
ge|dacht
23 **denn**
24 **der**
25 **des**
26 **dich**
27 **die**
28 **Dieb**, der
29 die Die|be
30 **dies**
31 die|se
32 **dir**
33 **doch**
34 **dort**
35 **drau|ßen**
36 **dre|hen**
37 sie dreht
38 **drei**
39 **du**
40 **dun|kel**
41 die Dun|kel|heit
42 **durch**
43 **dür|fen**
44 sie darf
45 sie durf|te
46 sie hat ge|durft
47 **Durst**, der
48 durs|tig

E e

1 **ein**
2 ei|ne
3 ei|nem
4 ei|nen
5 ei|ner
6 ei|nes
7 **ein|mal**
8 **Eis**, das
9 **Ele|fant**, der
10 die Ele|fan|ten
11 **El|tern**, die
12 **En|de**, das
13 die En|den
14 **ent|de|cken**
15 sie ent|deckt
et|was
16 die
Ent|de|ckung
17 **er**
18 **er|ho|len**
19 sie er|holt sich
20 **er|le|ben**
21 sie er|lebt
22 das Er|leb|nis
23 **erst**
24 **er|zäh|len**
25 sie er|zählt
26 die Er|zäh|lung
27 **es**
28 **es|sen**
29 sie isst
30 sie aß
31 sie hat
ge|ges|sen
32 der Ess|tisch
33 **et|was**
34 **euch**
35 eu|er

F f

1 **fah|ren**
2 er fährt
3 er fuhr
4 er ist
ge|fah|ren
5 das Fahr|rad
6 die Fahrt
7 **fal|len**
8 er fällt
9 er fiel
10 er ist ge|fal|len
11 **falsch**
12 **Fa|mi|lie**, die
13 die Fa|mi|lien
14 **fan|gen**
15 sie fängt
16 sie fing
17 sie hat
ge|fan|gen
18 **fast**
19 **Feh|ler**, der
20 die Feh|ler
21 **fei|ern**
22 sie fei|ert
23 **fein**
24 **Fell**, das
25 die Fel|le
26 **fest**
27 **Fest**, das
28 die Fes|te
29 **fin|den**
30 er fin|det
31 er fand
32 er hat
ge|fun|den
33 **fit**
34 **Fla|sche**, die
35 die Fla|schen
36 **Fleck**, der
37 die Fle|cken
38 **flei|ßig**
39 **Flie|ge**, die
40 die Flie|gen
41 **flie|gen**
42 sie fliegt
43 sie flog
44 sie ist
ge|flo|gen
45 **flie|ßen**
46 es fließt
47 es floss
48 es ist
ge|flos|sen
49 **Floß**, das
50 die Flö|ße
51 **Flug**, der
52 die Flü|ge
53 das Flug|ge|rät
54 das Flug|zeug
55 **Fluss**, der
56 die Flüs|se
57 **Fo|to**, das
58 die Fo|tos

59 **fra|gen**
60 er fragt
61 die Fra|ge
62 **Frau**, die
63 die Frau|en
64 **fremd**
65 **fres|sen**
66 er frisst
67 er fraß
68 er hat ge|fres|sen
69 **freu|en**
70 sie freut sich
71 die Freu|de
72 **Freund**, der
73 die Freun|de
74 die Freun|din
75 die Freund|schaft
76 **freund|lich**
77 die Freund|lich|keit
78 **froh**
79 **fröh|lich**
80 die Fröh|lich|keit
81 **früh**
82 **füh|len**
83 er fühlt
84 **für**
85 **Fuß**, der
86 die Fü|ße
87 der Fuß|ball
88 **Fut|ter**, das
89 füt|tern

G g

1 **ganz**
2 **gar**
3 gar nicht
4 **Gar|ten**, der
5 die Gär|ten
6 **ge|ben**
7 er gibt
8 er gab
9 er hat ge|ge|ben
10 **Ge|burt**, die
11 die Ge|bur|ten
12 der Ge|burts|tag
13 **Ge|fahr**, die
14 die Ge|fah|ren
15 ge|fähr|lich
16 **ge|heim**
17 das Ge|heim|nis
18 **ge|hen**
19 er geht
20 er ging
21 er ist ge|gan|gen
22 **Geld**, das
23 die Gel|der
24 der Geld|schein
25 **ge|mein**
26 die Ge|mein|heit
27 **ge|mein|sam**
28 **ge|nau**
29 **ge|ra|de**
30 **ge|ra|de|aus**
31 **gern**
32 lie|ber
33 am liebs|ten
34 **Ge|schäft**, das
35 die Ge|schäf|te
36 **Ge|schenk**, das
37 die Ge|schen|ke
38 **ge|sund**
39 die Ge|sund|heit
40 **Ge|trän|k**, das
41 die Ge|trän|ke
42 **gie|ßen**
43 er gießt
44 er goss
45 er hat ge|gos|sen
46 **Glas**, das
47 die Glä|ser
48 **glau|ben**
49 er glaubt
50 **gleich**
51 **Glück**, das
52 glück|lich
53 **Gras**, das
54 die Grä|ser
55 **groß**
56 grö|ßer
57 am größ|ten
58 **Gruß**, der
59 die Grü|ße
60 grü|ßen
61 **gut**
62 bes|ser
63 am bes|ten

H h

1 **Haar**, das
2 die Haa|re
3 **ha|ben**
4 er hat
5 er hat|te
6 er hat ge|habt
7 **hal|lo**
8 **Hals**, der
9 die Häl|se
10 das Hals|band
11 **hal|ten**
12 er hält
13 er hielt
14 er hat ge|hal|ten
15 **Hand**, die
16 die Hän|de
17 **Han|dy**, das
18 die Han|dys
19 **hart**
20 här|ter
21 am här|tes|ten
22 **Ha|se**, der
23 die Ha|sen
24 **Haus**, das
25 die Häu|ser
26 nach Hau|se
27 zu Hau|se
28 **Heft**, das
29 die Hef|te
30 **hel|fen**
31 er hilft
32 er half
33 er hat ge|hol|fen
34 **her**
35 **he|raus**
36 auch: her|aus
37 **Her|de**, die
38 die Her|den
39 **Herr**, der
40 die Her|ren
41 die Herr|schaft
42 **herz|lich**
43 **heu|te**
44 **hier**
45 **Hil|fe**, die
46 die Hil|fen
47 **hi|naus**
48 auch: hin|aus
49 **hi|nein**
50 auch: hin|ein
51 **hin|ten**
52 **hin|ter**
53 **Hit|ze**, die
54 **Hob|by**, das
55 die Hobbys
56 **hof|fen**
57 sie hofft
58 hof|fent|lich
59 die Hoff|nung
60 **ho|len**
61 sie holt
62 **hö|ren**
63 sie hört
64 der Hö|rer
65 **Hund**, der
66 Hun|de, die
67 **Hun|ger**, der
68 **Hut**, der
69 die Hü|te

I i

1 **ich**
2 **ihm**
3 **ihn**
4 **ih|nen**
5 **ihr**
6 ih|re
7 ih|rem
8 ih|ren
9 **im**
10 **im|mer**
11 **in**
12 **ins**
13 **In|sel**, die
14 die In|seln
15 **In|ter|net**, das

J j

1 **ja**
2 **Ja|cke**, die
3 die Ja|cken
4 **Jahr**, das
5 die Jah|re
6 **Jeans**, die
7 **je|de**
8 je|der
9 je|den
10 **je|mand**
11 **jetzt**
12 **jog|gen**
13 sie joggt
14 der Jog|ger
15 **Jo|ghurt**, der
16 auch: das Jo|ghurt
17 **jung**
18 jün|ger
19 am jüngs|ten
20 **Jun|ge**, der
21 die Jun|gen

K k

1 **Kä|fig**, der
2 die Kä|fi|ge
3 **Kampf**, der
4 die Kämp|fe
5 **kämp|fen**
6 er kämpft
7 **Kä|se**, der
8 **Kat|ze**, die
9 die Kat|zen
10 **kau|fen**
11 sie kauft
12 **kaum**
13 **kein**
14 kei|ne
15 kei|nen
16 **Kel|ler**, der
17 die Kel|ler
18 **ken|nen**
19 sie kennt
20 sie kann|te
21 sie hat ge|kannt
22 die Kennt|nis
23 **Ket|chup**, der
24 auch: das Ket|chup
25 **Kind**, das
26 die Kin|der
27 **Ki|no**, das
28 die Ki|nos
29 **Kis|te**, die
30 die Kis|ten
31 **Klas|se**, die
32 die Klas|sen
33 **kle|ben**
34 sie klebt
35 **Kleid**, das
36 die Klei|der
37 **klein**
38 **klet|tern**
39 sie klet|tert
40 **klin|geln**
41 er klin|gelt
42 **klug**
43 klü|ger
44 am klügs|ten
45 **kniff|lig**
46 **ko|chen**
47 er kocht
48 **kom|men**
49 sie kommt
50 sie kam
51 sie ist ge|kom|men
52 **kön|nen**
53 sie kann
54 sie konn|te
55 sie hat ge|konnt
56 **Kopf**, der
57 die Köp|fe
58 **Korb**, der
59 die Kör|be
60 **kräf|tig**
61 **krank**
62 krän|ker
63 am kränks|ten
64 **Kro|ko|dil**, das
65 die Kro|ko|di|le
66 **Kuh**, die
67 die Kü|he
68 **kurz**
69 kür|zer
70 am kür|zes|ten

L l

1 **la|chen**
2 sie lacht
3 **Land**, das
4 die Län|der
5 die Land|schaft
6 **lang**
7 län|ger
8 am längs|ten
9 **lan|ge**
10 **lang|wei|lig**
11 **las|sen**
12 er lässt
13 er ließ
14 er hat ge|las|sen
15 **lau|fen**
16 er läuft
17 er lief
18 er ist ge|lau|fen
19 **laut**
20 **le|ben**
21 sie lebt
22 **le|cker**
23 **le|gen**
24 sie legt
25 **lei|der**
26 **lei|hen**
27 er leiht
28 er lieh
29 er hat ge|lie|hen

30 **le|sen**
31 sie liest
32 sie las
33 sie hat ge|le|sen
34 **Licht**, das
35 die Lich|ter
36 **lieb**
37 lie|ben
38 **lie|gen**
39 er liegt
40 er lag
41 er hat ge|le|gen
42 **links**
43 **lö|sen**
44 sie löst
45 **Luft**, die
46 die Lüf|te
47 **lus|tig**

M m

1 **ma|chen**
2 er macht
3 **Mäd|chen**, das
4 die Mäd|chen
5 **mal**
6 **man**
7 **manch|mal**
8 **Mann**, der
9 die Män|ner
10 das Männ|lein
11 die Mann|schaft
12 **Ma|schi|ne**, die
13 die Ma|schi|nen
14 **Maus**, die
15 die Mäu|se
16 **Me|di|zin**, die
17 **Meer**, das
18 die Mee|re
19 **mehr**
20 **mein**
21 mei|ne
22 mei|nem
23 mei|ner
24 **mei|nen**
25 sie meint
26 **mel|den**
27 er mel|det
28 **mer|ken**
29 sie merkt
30 **mich**
31 **mir**
32 **mit**
33 **Mit|te**, die
34 **mö|gen**
35 er mag
36 er möch|te
37 er moch|te
38 er hat ge|mocht
39 **Mond**, der
40 die Mon|de
41 **Moos**, das
42 die Moo|se
43 **mor|gen**
44 **Moun|tain|bike**, das
45 die Moun|tain|bikes
46 **mü|de**
47 **Mu|sik**, die
48 **müs|sen**
49 er muss
50 er muss|te
51 er hat ge|musst
52 **mu|tig**
53 **Mut|ter**, die
54 die Müt|ter
55 **Müt|ze**, die
56 die Müt|zen

N n

1 **nach**
2 **nach|her**
3 **Nacht**, die
4 die Näch|te
5 **nass**
6 nas|ser
7 am nas|ses|ten
8 **na|tür|lich**
9 **neh|men**
10 sie nimmt
11 sie nahm
12 sie hat ge|nom|men
13 **nein**
14 **nett**
15 **Netz**, das
16 die Net|ze
17 **neu**
18 **neu|gie|rig**
19 **nicht**
20 **nichts**
21 **nie**
22 **nied|lich**
23 **noch**
24 **nun**
25 **nur**
26 **nüt|zen**
27 es nützt

O o

1 **ob**
2 **oder**
3 **öff|nen**
4 er öff|net
5 **oh|ne**
6 **Ohr**, das
7 die Oh|ren
8 **Oma**, die
9 die Omas
10 **Opa**, der
11 die Opas
12 **ord|nen**
13 sie ord|net
14 die Ord|nung

P p

1 **paar**
2 **Paar**
3 **pa|cken**
4 sie packt
5 **Pa|pier**, das
6 die Pa|pie|re
7 **Pap|pe**, die
8 die Pap|pen
9 **pas|sen**
10 es passt
11 **pas|sie|ren**
12 es pas|siert
13 **Pferd**, das
14 die Pfer|de
15 **Pfüt|ze**, die
16 die Pfüt|zen
17 **Piz|za**, die
18 die Piz|zas
19 auch: die Piz|zen
20 **Platz**, der
21 die Plät|ze
22 **plötz|lich**
23 **Po|li|zei**, die
24 **Pom|mes**, die
25 **Pop|corn**, das
26 **pro|bie|ren**
27 sie pro|biert
28 **Punkt**, der
29 die Punk|te
30 pünkt|lich

R r

1 **Rad**, das
2 die Rä|der
3 **Rät|sel**, das
4 die Rät|sel
5 **räu|men**
6 er räumt
7 **rechts**
8 **reg|nen**
9 es reg|net
10 **Reh**, das
11 die Re|he
12 **reich**
13 **Rei|fen**, der
14 die Rei|fen
15 **rei|ßen**
16 sie reißt
17 sie riss
18 sie hat ge|ris|sen
19 **ren|nen**
20 sie rennt
21 sie rann|te
22 sie ist ge|rannt
23 die Renn|bahn
24 **re|pa|rie|ren**
25 sie re|pa|riert
26 **Rie|se**, der
27 die Rie|sen
28 rie|sig
29 **Ring**, der
30 die Rin|ge
31 **Rock**, der
32 die Rö|cke
33 **rol|len**
34 er rollt
35 **rot**
36 **ru|dern**
37 er ru|dert
38 **rufen**
39 er ruft
40 er rief
41 er hat geru|fen
42 **ru|hen**
43 sie ruht
44 die Ru|he
45 ru|hig
46 **rund**

S s

1 **Sa|che**, die
2 die Sa|chen
3 **Sä|ge**, die
4 die Sä|gen
5 **sa|gen**
6 sie sagt
7 **Sa|lat**, der
8 die Sa|la|te
9 **sau|ber**
10 die Sau|ber|keit
11 **scharf**
12 schär|fer
13 am schärfs|ten
14 **Schatz**, der
15 die Schät|ze
16 **schau|en**
17 sie schaut
18 **schen|ken**
19 er schenkt
20 **Sche|re**, die
21 die Sche|ren
22 **schi|cken**
23 sie schickt
24 **schie|ben**
25 er schiebt
26 **schie|ßen**
27 er schießt
28 er schoss
29 er hat ge|schos|sen
30 **schimp|fen**
31 er schimpft
32 **schla|fen**
33 sie schläft
34 sie schlief
35 sie hat ge|schla|fen
36 **schla|gen**
37 er schlägt
38 er schlug
39 er hat geschla|gen
40 **schlie|ßen**
41 sie schließt
42 sie schloss
43 sie hat ge|schlos|sen
44 **schließ|lich**
45 **Schloss**, das
46 die Schlös|ser
47 **Schluss**, der
48 die Schlüs|se
49 **Schlüs|sel**, der
50 die Schlüs|sel
51 **schmut|zig**
52 **schnei|den**
53 sie schnei|det
54 sie schnitt
55 sie hat ge|schnit|ten
56 **schnell**
57 **schon**
58 **schön**
59 die Schön|heit
60 **Schrank**, der
61 die Schrän|ke
62 **Schreck**, der
63 schreck|lich
64 **schrei|ben**
65 sie schreibt
66 sie schrieb
67 sie hat ge|schrie|ben
68 **schrei|en**
69 er schreit
70 er schrie
71 er hat ge|schrien
72 **Schrift**, die
73 die Schrif|ten
74 **Schuh**, der
75 die Schu|he
76 **schum|meln**
77 er schummelt
78 **schüt|zen**
79 sie schützt
80 **schwach**
81 schwä|cher
82 am schwächs|ten
83 **schwarz**
84 **Schwes|ter**, die
85 die Schwes|tern
86 **schwie|rig**
87 **schwim|men**
88 sie schwimmt
89 sie schwamm
90 sie ist ge|schwom|men
91 **See**, der
92 die Se|en
93 **se|hen**
94 er sieht
95 er sah
96 er hat ge|se|hen
97 **sehr**
98 **sein**
99 sie ist
100 sie war
101 sie ist ge|we|sen
102 **sein**
103 sei|ne
104 sei|nem
105 sei|nen
106 **seit**
107 **sel|ber**

108 **sen|den**
109 sie sen|det
110 die Sen|dung
111 **set|zen**
112 sie setzt sich
113 **sich**
114 **si|cher**
115 **sie**
116 **Sieb**, das
117 die Sie|be
118 **sie|ben**
119 **sin|gen**
120 sie singt
121 sie sang
122 sie hat ge|sun|gen
123 **sit|zen**
124 er sitzt
125 er saß
126 er hat ge|ses|sen
127 **Skate|board**, das
128 die Skate|boards
129 **so**
130 **so|fort**
131 **Soft|eis**, das
132 **so|gar**
133 **Sohn**, der
134 die Söh|ne
135 **sol|len**
136 er soll
137 **Sonn|tag**, der
138 die Sonn|ta|ge
139 **Spa|ghet|ti**, die
140 **span|nend**
141 **Spaß**, der
142 die Spä|ße
143 **Spiel**, das
144 die Spie|le
145 spie|len
146 der Spiel|platz
147 **Spin|ne**, die
148 die Spin|nen
149 **spitz**
150 **sprin|gen**
151 er springt
152 er sprang
153 er ist ge|sprun|gen
154 **Stadt**, die
155 die Städ|te
156 **stark**
157 stär|ker
158 am stärks|ten
159 **ste|cken**
160 sie steckt
161 **ste|hen**
162 sie steht
163 sie stand
164 sie hat ge|stan|den
165 **steh|len**
166 er stiehlt
167 er stahl
168 er hat ge|stoh|len
169 **stei|gen**
170 er steigt
171 er stieg
172 er ist ge|stie|gen
173 **stel|len**
174 sie stellt
175 der Stell|platz
176 **sto|ßen**
177 er stößt
178 er stieß
179 er hat ge|sto|ßen
180 **Stra|ße**, die
181 die Stra|ßen
182 **stre|cken**
183 er streckt
184 **Strei|fen**, der
185 die Strei|fen
186 **Stück**, das
187 die Stü|cke
188 **stüt|zen**
189 er stützt
190 **su|chen**
191 sie sucht
192 **sur|fen**
193 er surft
194 der Sur|fer
195 **süß**

T t

1 **Tag**, der
2 die Ta|ge
3 täg|lich
4 **Tal**, das
5 die Tä|ler
6 **Tan|ne**, die
7 die Tan|nen
8 **tan|zen**
9 sie tanzt
10 **tas|ten**
11 er tas|tet
12 **Tat|ze**, die
13 die Tat|zen
14 **Tee**, der
15 die Tees
16 **Teil**, der
17 auch: das Teil
18 die Tei|le
19 **Te|le|fon**, das
20 die Te|le|fo|ne
21 **Tier**, das
22 die Tie|re
23 **Ti|ger**, der
24 die Ti|ger
25 **to|ben**
26 er tobt
27 **toll**
28 **tra|gen**
29 er trägt
30 er trug
31 er hat ge|tra|gen
32 **träu|men**
33 er träumt
34 **trau|rig**
35 die Trau|rig|keit
36 **tref|fen**
37 sie trifft
38 sie traf
39 sie hat ge|trof|fen
40 **trin|ken**
41 sie trinkt
42 sie trank
43 sie hat ge|trun|ken
44 **trotz|dem**
45 **T-Shirt**, das
46 die T-Shirts
47 **Tür, die**
48 die Tü|ren
49 **Turm**, der
50 die Tür|me

U u

1 **über**
2 **Ufo**, das
3 die Ufos
4 **Uhr**, die
5 die Uh|ren
6 **um**
7 **und**
8 **uns**
9 un|ser
10 un|se|re
11 **un|ter**
12 **un|ter|su|chen**
13 er un|ter|sucht

V v

1 **Va|ter**
2 Vä|ter, die
3 **ver|ges|sen**
4 sie ver|gisst
5 sie ver|gaß
6 sie hat ver|ges|sen
7 **ver|klei|den**
8 er ver|klei|det sich
9 die Ver|klei|dung
10 **ver|lie|ren**
11 er ver|liert
12 er ver|lor
13 er hat ver|lo|ren
14 **ver|rei|sen**
15 sie ver|reist
16 **ver|ste|cken**
17 er ver|steckt sich
18 das Ver|steck
19 **viel**
20 mehr
21 am meis|ten
22 **viel|leicht**
23 **vier**
24 **Vo|gel**, der
25 die Vö|gel
26 **voll**
27 **vom**
28 **von**
29 **vor**
30 **vor|be|rei|ten**
31 er be|rei|tet vor
32 **vorn**
33 **vor|sich|tig**
34 **vor|stel|len**
35 er stellt sich vor

W w

1 **Waa|ge**, die
2 die Waa|gen
3 **wahr**
4 die Wahr|heit
5 **Wald**, der
6 die Wäl|der
7 **wan|dern**
8 er wan|dert
9 **war|ten**
10 sie war|tet
11 **wa|rum**
12 auch: war|um
13 **was**
14 **Was|ser, das**
15 **weg**
16 **Weg**, der
17 die We|ge
18 **weich**
19 **weil**
20 **wei|nen**
21 er weint
22 **weiß**
23 **Welt**, die
24 die Wel|ten
25 **wenn**
26 **wer**
27 **wer|den**
28 er wird
29 er wur|de
30 er ist ge|wor|den
31 **wie**
32 **wie|der**
33 **wie|gen**
34 er wiegt
35 er wog
36 er hat ge|wo|gen
37 **wild**
38 die Wild|nis
39 **wir**
40 **wirk|lich**
41 **wis|sen**
42 sie weiß
43 sie wuss|te
44 sie hat ge|wusst
45 die Wis|sen|schaft
46 **wo**
47 **wo|ran**
48 auch: wor|an
49 **Wo|che**, die
50 die Wo|chen
51 **wohl**
52 **woh|nen**
53 sie wohnt
54 die Woh|nung
55 **wol|len**
56 sie will
57 sie woll|te
58 sie hat ge|wollt
59 **wun|dern**
60 er wun|dert sich

X x

1 **Xy|lo|phon**, das
2 die Xy|lo|pho|ne

Y y

1 **Yak**, der
2 die Yaks

Z z

1 **zäh|len**
2 sie zählt
3 **Zahn**, der
4 die Zäh|ne
5 **zei|gen**
6 sie zeigt
7 **Zeit**, die
8 die Zei|ten
9 **Zet|tel**, der
10 die Zet|tel
11 **zie|hen**
12 er zieht
13 er zog
14 er hat ge|zo|gen
15 **zie|len**
16 sie zielt
17 **Zir|kus**, der
18 die Zir|kus|se
19 **Zoo**, der
20 die Zoos
21 **zu**
22 **zu|erst**
23 **Zug**, der
24 die Zü|ge
25 **zum**
26 **zur**
27 **zu|rück**
28 **zu|sam|men**
29 **zwei**

5 In den Antworten fehlen die Ergänzungen. Setze Nomen im Dativ ein:
dem Sohn, dem Vater, der Katze, dem Vogel

Wem gefällt der Ring?	Der Ring gefällt ______ ______ .
Wem schmeckt der Salat?	Der Salat schmeckt ______ ______ .
Wem hilft die Mutter?	Die Mutter hilft ______ ______ .
Wem entkommt die Maus?	Die Maus entkommt ______ ______ .

6 Schreibe die Sätze und kennzeichne jeweils die Ergänzung: Nomen im Dativ.

7 Bilde Sätze mit den Verben **danken, helfen, vertrauen, gehorchen** und einem Nomen im Dativ: Die Oma dankt dem Opa.

Die **Ergänzung** im Satz kann ein Nomen im **Akkusativ** sein. Sie antwortet auf die Frage: wen oder was?

Die **Ergänzung** im Satz kann ein Nomen im **Dativ** sein. Sie antwortet auf die Frage: wem?

Der Riese Kalin

Der Riese Kalin ist immer allein.
Jeder hält ihn für gefährlich,
weil er größer und stärker als die anderen ist.
Er läuft durch viele Täler und Wälder,
doch er findet keinen Freund.

Traurig legt sich Kalin unter die Bäume
und streckt seine Füße aus.
Bald schläft er ein und träumt.

1 Warum findet Kalin keine Freunde?

2 Kennzeichne im Text die Wörter mit den Umlauten **ä**, **ö**, **ü** und **äu**. Schreibe sie.

3 Suche zu jedem Wort mit **ä** oder **äu** aus Aufgabe 2 ein verwandtes Wort mit **a** oder **au**: hält – halten, … Kontrolliere mit der Wörterliste oder dem Wörterbuch.

4 Setze passende Verben aus dem Text ein.

Jeder ______ Kalin für gefährlich und ______ ängstlich davon.

5 Schreibe zu den Nomen verwandte Verben in der gebeugten Form: er räumt, …

der Raum		der Kampf	
der Lauf		der Schlaf	
der Traum		die Fahrt	

6 Schreibe den letzten Abschnitt des Textes ab und füge Kalins Traum hinzu.

7 Schreibe Sätze mit den Verben aus Aufgabe 5.

8 Suche in der Wörterliste in der Spalte **B b** Wörter mit **ä** oder **äu**.

9 Schreibe den Text mit deinem Schluss ab.

Zu vielen Wörtern mit ä oder äu gibt es **verwandte Wörter** mit a oder au.

er schläft – schlafen,
stärker – stark,
er träumt – der Traum

1 Löse das Silbenrätsel.
Die beiden Silben, die übrig bleiben, ergeben die Lösung. Male sie in eine Traumblase.

Äp Bäu Blät Dä Glä Häu Mäu Rä Zäh – cher der fel me ne se ser ser ter

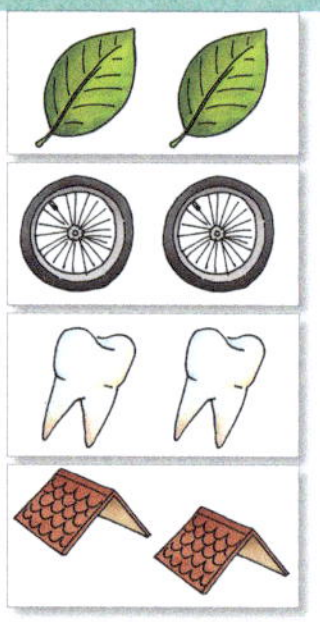

2 Suche Verben mit **ä** oder **äu** und schreibe sie.
Die Buchstaben, die übrig bleiben, ergeben die Lösung. Male sie in eine Traumblase.

Ä r ä u m e n p k ä m p f e n f ä r g e r n e t r ä u m e n l z ä h l e n

3 Schreibe die Nomen aus Aufgabe 1 in der Einzahl und in der Mehrzahl.

4 Schreibe Sätze mit den Verben aus Aufgabe 2.

5 Suche Wörter zur Wortfamilie **träumen**. Arbeite mit dem Wörterbuch.

6 Schreibe die Nomen in der Einzahl: der Käfig, … Male die Lösung in eine Traumblase.

die Käfige	______	1. Buchstabe →	______
die Sägen	______	2. Buchstabe →	______
die Geschäfte	______	7. Buchstabe →	______
die Mädchen	______	6. Buchstabe →	______
die Bären	______	3. Buchstabe →	______

7 Kennzeichne die drei Wortfamilien in unterschiedlichen Farben.
Das Lösungswort passt zu keiner der Familien. Male die Lösung in eine Traumblase.

ängstlich	bekämpfen	Angst	freundlich	verängstigt	kampflos	
kämpfen	Freund	Käse	Kampf	Freundin	befreundet	Ängste

8 Schreibe die drei Wortfamilien aus Aufgabe 7 geordnet.

9 Wovon träumt Kalin? Schreibe eine Geschichte.

Es gibt nur wenige Wörter mit ä oder äu, die **nicht** von einem **verwandten Wort** mit a oder au abstammen.

der Bär,
die Säge,
das Mädchen

____

Eines Tages wandert ein anderer Riese durch die Wälder.
Er ist älter, größer und kräftiger als Kalin.
Er kommt, um mit Kalin zu kämpfen,
denn er will zeigen, dass er der stärkste Riese ist.
Der fremde Riese ruft:
„Steh auf, du Männlein! Lass uns kämpfen!
Weil du schwächer bist, fängst du an!"
Kalin antwortet: „Wer schlägt denn ein Kind?
Warte, bis meine Eltern kommen!"

1 Schreibe eine Überschrift.

2 Kennzeichne im Text die fünf Adjektive, die einen Umlaut haben.
Schreibe sie in den Vergleichsstufen: alt – älter – am ältesten, …

3 Schreibe Sätze: Der fremde Riese ist … Kalin. Kalin ist … der fremde Riese.

schwächer als
kräftiger als
größer als
jünger als

4 Suche die Nomen in der Wörterliste
und schreibe sie mit dem Wortbaustein **-lein** oder **-chen**: das Büchlein, …

B 80 G 46 H 22 J 2 O 6 P 20

5 Schreibe die letzten zwei Zeilen des Textes ab und füge einen Schluss hinzu.

6 Schreibe Sätze mit den Adjektiven aus Aufgabe 2.

7 Schreibe den Text mit deinem Schluss ab.

Zu den meisten **Adjektiven** gibt es **Vergleichsstufen**.

alt – älter – am ältesten,
groß – größer – am größten

Kalin liegt auf der Wiese.
___ ist allein.
Doch da kommt …

… ein Hase.
___ ist ganz aufgeregt.
Wer verfolgt ___ ?
Kalin will ___ helfen.

… eine Maus.
Kalin schaut ___
neugierig an.
Er winkt ___ zu.

… ein Reh.
Erst steht ___ ganz still.
Dann läuft ___ mutig
auf Kalin zu.

Kalin fragt: „Willst ___
mein Freund sein?“

1 Setze passende Pronomen in die Lücken ein.

du	er	er	sie	es	es	ihm	ihn	ihr

2 Schreibe eine der drei Geschichten auf und kennzeichne die Pronomen.

3 Schreibe die Verben **fallen** und **fangen** mit den Pronomen **ich**, **du**, **er**, **wir**, **ihr**, **sie**.

4 Schreibe eine Geschichte: Kalin findet einen Freund.

5 Setze **mir** oder **mich** in die Lücken ein.

6 Schreibe die Sätze mit einem Begleitsatz.

Das Reh sagt:	Der Hase ruft:	Die Maus sagt:

Geburtstag

Robins schönstes Geschenk ist ein Fahrrad.
„Jetzt mache ich eine Fahrt um die ganze Welt“, sagt er.
„Hast du keine Angst, dass du nicht wieder
nach Hause findest?“, fragt Lena.
„Nein“, antwortet Robin,
„ich fahre immer geradeaus.
Dann komme ich genau an diesen Punkt zurück.“
„Und wenn du an das Meer kommst?“, fragt Lena.
„Ich nehme ja den geraden Weg
nur über Land“, lacht Robin.

1 Was will Robin mit seinem Fahrrad machen?

2 Kennzeichne im Text alle Nomen mit **d** oder **t** und **g** oder **k** am Wortende. Schreibe sie.

3 Schreibe die Nomen. Kennzeichne **d** oder **t**, **g** oder **k** am Wortende.

Mehrzahl	Einzahl

Mehrzahl	Einzahl

4 Schreibe die Sätze.

„Ich habe auch bald Geburtsta▪."

„Dann feiern wir ein großes Fes▪."

„Vielleicht bekomme ich auch ein Fahrra▪."

„Von mir bekommst du auch ein Geschen▪."

5 Schreibe die letzten drei Zeilen des Textes ab und füge einen Schluss hinzu.

6 Schreibe die Nomen aus Aufgabe 4 in der Einzahl und in der Mehrzahl.

7 Schreibe von deiner schönsten Geburtstagsüberraschung.

Das ist Robins schönster Geburtsta■.
Sein größtes Geschen■ ist das neue Fahrra■.
Jetzt fährt er jeden We■ mit dem Ra■.
Am Sonnta■ macht er einen Ausflu■.

1 Schreibe die Sätze und kennzeichne in den Nomen **d** oder **t**, **g** oder **k** am Wortende.

2 Schreibe die Nomen nach dem bestimmten Artikel geordnet.

der

die

das

3 Schreibe die Nomen in der Einzahl und in der Mehrzahl mit bestimmtem Artikel.

Angs■ Ber■ Klei■ Die■ Ta■ Freun■

Auf meiner Fahrt werde ich viele Länder besuchen.
Dort werde ich wilde Tiere sehen.
Vielleicht wird Lena mitkommen.
Dann werden wir Abenteuer erleben.

4 Die Sätze stehen in der Zukunft. Schreibe sie und kennzeichne die blauen Zukunftsformen.

5 Verbinde und schreibe Sätze in der Zukunft: Ich werde essen. …

Ich	wirst  .
Du	werde  .
Er	werden  .
Wir	wird  .
Ihr	werden  .
Sie	werdet  .

6 Schreibe diese Sätze in der Zukunft: Ich werde …

Ich bekomme einen Ball. Es kommen viele Freunde. Dann spielen wir Fußball.

7 Schreibe in der Zukunft, was du auf einer Weltreise erleben könntest.

Die **Zukunftsform** wird mit werden und der Grundform gebildet.

Ich werde fahren.
Du wirst kommen.

____

Robin fragt: „Wie viele Beine hat ein Elefant?“
Lena denkt nicht lange nach.
„Vier“, antwortet sie.
„Falsch, er hat natürlich acht Beine!“, ruft Robin.
Das glaubt Lena nicht.
Aber Robin sagt:
„Ein Elefant hat zwei Beine vorn, zwei hinten,
zwei links und zwei rechts.“
Lena merkt den Spaß und stellt auch eine Frage:
„Wie viele Beine hat ein Tausendfüßler?“

1 Schreibe eine Überschrift.

2 Kennzeichne im Text die fünf Verben mit **g**, **k** oder **b**.

3 Schreibe die Verben: er fragt – fragen – er wird fragen, …

Gegenwartsform	Grundform	Zukunftsform
er ______	______	er ______
sie ______	______	sie ______
sie ______	______	sie ______
er ______	______	er ______
sie ______	______	sie ______

4 Schreibe Sätze. Kontrolliere mit der Wörterliste oder mit dem Wörterbuch.

flie■t 

trin■t 

schrei■t 

____

____

____

5 Schreibe die Verben mit **g** oder **k**, **b** oder **p**.

er schlä ▪ t	sie schrei ▪ t
er trä ▪ t	sie blei ▪ t

6 Schreibe die letzten beiden Zeilen des Textes ab und füge deine Antwort hinzu.

7 Schreibe die Sätze aus Aufgabe 4 und verwende dabei die Zukunftsform.

8 Schreibe die Verben aus Aufgabe 5 in anderen gebeugten Formen.

9 Schreibe den Text mit deiner Antwort ab.
Du kannst auch andere Tiere einsetzen.

Ob in einem Verb
g oder k, b oder p
stehen muss, hört man
in der **Grundform**.

fragen → er fragt,
merken → er merkt,
glauben → er glaubt,
hupen → er hupt

1 Schreibe die Antworten.

Scherzfragen

Was ist, wenn der Vollmond leuchtet? ______

Womit fängt der Tag an? ______

Was kommt durchs geschlossene Fenster? ______

Wer hat Füße, aber keinen Kopf? ______

Welcher Ring hat Anfang und Ende? ______

Wer hat die meisten Reisen um die Welt gemacht? ______

T Schrank Nacht Mond Licht Hering

2 Schreibe Sätze: Das Mädchen ist ... Der Elefant ist ...

das klu_e 

der star_e 

das al_e 

das har_e 

der kran_e 

das spannen_e 

der run_e 

3 Die Zahlen stehen für die Buchstaben des Alphabets. Schreibe den Brief auf.

Hall15, 18o2in,
w9r 20r5ff5n 21n19 8eu20e N1ch13itta7 1n 4e18 B21r7.
Mei14 V1t5r 19tei7t 13i20 21n19 1u6 4e14 a12t5n T21r13.
H1s20 4u 8eu20e Zei20?

12en1

4 Schreibe andere Scherzfragen auf.

5 Schreibe einen Brief in Geheimschrift.

6 Suche die Adjektive in der Wörterliste und schreibe Gegensatzpaare.

g 38 | j 17 | k 42 | l 6 | m 52 | s 156

Ob in einem Adjektiv d oder t, g oder k stehen muss, hört man in der **Vergleichsstufe**.

älter → alt,
wilder → wild,
klüger → klug,
stärker → stark

____

Die Klasse hat beschlossen, ein Fest zu feiern.
„Das müssen wir aber gut vorbereiten“, sagt Mia.
Alle denken nach, was sie mitbringen können.
Mario sagt: „Ich kann bei meinem Vater
leckere Pizza bestellen.“
Ida ruft: „Ich werde mit meiner Mutter
die Getränke besorgen.“
Sofie meint: „Ich könnte für uns
von meinem großen Bruder CDs ausleihen.“
„Und was machst du, Paula?“, fragt Niko.

1 Schreibe eine Überschrift.

2 Kennzeichne im Text sechs Verben mit den Wortbausteinen **be-**, **vor-**, **mit-**, **aus-**. Schreibe sie.

3 Bilde Verben.

aus | mit | be   brin | lei | schlie   gen | ßen | hen

4 Schreibe Sätze: Die Kinder wollen …

 besorgen |  mitbringen |  bestellen |  ausleihen

5 Suche die Verben in der Wörterliste und setze sie mit passenden Wortbausteinen zusammen.

ab | aus | be | ver | vor

S 64

S 145

S 173

6 Schreibe auf, was Mario, Ida, Sofie und Paula zum Fest beitragen wollen.

7 Bilde zusammengesetzte Verben mit den Wortbausteinen **ab-**, **an-**, **ein-**, **ver-**, **vor-**.

1 Suche die Wörter in der Wörterliste. Setze sie jeweils mit dem Wortbaustein zusammen.

2 Setze passende Verben aus Aufgabe 1 ein.

Einige Jungen wollen das Klassenzimmer ______ .

Emre will die Girlanden ______ .

Niko will die Musikanlage ______ .

Nikos Bruder will auch ______ .

3 Setze die Verben aus Aufgabe 2 getrennt ein.

Einige Jungen ______ das Klassenzimmer ______ .

Emre ______ die Girlanden ______ .

Niko ______ die Musikanlage ______ .

Nikos Bruder ______ auch ______ .

4 Suche in der Wörterliste Verben, die man mit dem Wortbaustein **um-** zusammensetzen kann.

5 Schreibe Sätze mit den Verben aus Aufgabe 3.

6 Suche die Wörter in der Wörterliste und schreibe sie.

7 Kennzeichne in Aufgabe 6 die Verben des Wortfeldes **gehen**.

8 Setze die Verben des Wortfeldes **gehen** in der gebeugten Form ein.

Emre ______________________ auf die Leiter.

Niko ______________________ zum Hausmeister.

Oskar ______________________ auf den Tisch.

Nikos Bruder ______________________ über die Kiste.

Mario ______________________ herum.

9 Schreibe die Sätze aus Aufgabe 8 in der Vergangenheit: Emre stieg …

10 Schreibe je ein Wortfeld zu **lachen** und zu **weinen**.

Ein **Wortfeld** besteht aus Wörtern, die etwas Ähnliches bedeuten.

gehen,
rennen,
springen

Aufregung

Die Kinder machen Spiele zur Musik.
Die Stimmung ist toll.
Doch plötzlich ist die Musik aus.
„So eine Gemeinheit!", schimpft Mia.
„Ohne Musik macht es keinen Spaß mehr!"

Alle suchen nach dem Fehler.
Nur Emma weiß, woran es liegt.
Aber das bleibt ihr Geheimnis.

1 Findest du den Fehler? Kennzeichne im Bild.

2 Kennzeichne im Text vier Nomen mit den Wortbausteinen **-ung**, **-heit**, **-nis**.
Schreibe sie.

3 Bilde Nomen aus den Adjektiven und den Wortbausteinen: die Wahrheit, …

wahr
geheim
schön
gesund
wild
dunkel
fröhlich

nis

heit

keit

4 Bilde Nomen aus den Verben und dem Wortbaustein **-ung**: die Ordnung, …

ordnen
wohnen
hoffen
senden
erholen
erzählen
aufregen

ung

5 Bilde Nomen mit dem Wortbaustein **-schaft**: die Freundschaft, ...

Freund
Mann
Land
Herr

schaft

6 Schreibe den letzten Abschnitt des Textes ab. Was ist passiert? Füge es hinzu.

7 Bilde Nomen mit verschiedenen Wortbausteinen.

einladen erleben freundlich gemein Meister

8 Schreibe den Text mit deinem Schluss ab.
Du kannst auch in der Vergangenheit schreiben.

Mit den **Wortbausteinen**
-heit, -keit, -nis, -ung, -schaft
kann man **Nomen** bilden.

die Gesundheit,
die Fröhlichkeit,
das Geheimnis,
die Einladung,
die Freundschaft

1 Bilde Nomen mit den Wortbausteinen und schreibe sie: das Erlebnis, …

(1) ______________________________

(2) ______________________________

(3) ______________________________

(4) ______________________________

(5) ______________________________

(6) ______________________________

2 Setze Wörter aus Aufgabe 1 ein.

(1) Das Klassenfest ist ein schönes ______________ .

(2) Alle Kinder feiern voller ______________ .

(3) Als die Musik stoppt, gibt es große ______________ .

(4) Aber bald wird Emmas ______________ entdeckt.

(5) Mit Beginn der ______________ ist das Fest zu Ende.

(6) Jetzt muss noch der Raum in ______________ gebracht werden.

3 Bilde je zwei Nomen mit dem gleichen Wortbaustein und schreibe sie: die Hoffnung, …

hoffen ordnen	
Mann wissen	
sauber traurig	
wahr gemein	
erleben geheim	

4 Suche die Wörter in der Wörterliste
und bilde Nomen mit den Wortbausteinen.

e 14	F 73	g 38	h 11	h 42	K 25	L 3	s 86

heit	
keit	
ung	
schaft	

5 Schreibe Sätze mit den Wörtern aus den Aufgaben 3 und 4.

Rätsel

Nach dem Fest warten die Kinder auf den Bus.
Aber der Bus ist nicht pünktlich.
„Wie ärgerlich!“, sagt Sarah. „Mir ist langweilig.“
„Ich weiß ein Rätsel“, ruft Emre.
„Wer ist das Kind deiner Eltern
und doch nicht deine Schwester oder dein Bruder?“
Sarah findet das lustig und antwortet sofort.
„Jetzt ich!“, ruft sie fröhlich. „Meine Eltern haben drei Söhne.
Jeder Sohn hat eine Schwester. Wie viele Kinder sind das?“
„Das ist schwierig“, meint Emre.

1 Wie viele Rätsel stehen im Text? ☐ 1 ☐ 2 ☐ 3 ☐ 4

2 Kennzeichne im Text sechs Adjektive mit den Wortbausteinen **-ig** und **-lich**. Schreibe sie.

ig	
lich	

3 Suche die Adjektive in der Wörterliste.

f 79		m 52		f 76	
g 52		l 47		t 34	

4 Schreibe die Sätze und füge Adjektive aus Aufgabe 2 oder 3 ein.

Sarah ist ein ______ Mädchen.	Vater erzählt eine ______ Geschichte.
Emre ist ein ______ Junge.	Das war ein ______ Tag!

5 Bilde Adjektive mit den Wortbausteinen **-ig** oder **-lich**. Kontrolliere mit der Wörterliste.

Durst	Schreck	Schmutz	Glück	Gefahr	Ruhe	Kraft	Angst

ig

lich

6 Schreibe die Rätsel aus dem Text mit den richtigen Antworten.

7 Schreibe Sätze mit den Adjektiven aus Aufgabe 5.

1 Schreibe die Sätze. Kennzeichne jeweils das Komma und das Bindewort **weil**.

2 Verbinde passende Teile und schreibe die Sätze.

Ich finde,	dass du mich besuchst.
Ich glaube,	dass Mia nett ist.
Ich wünsche mir,	dass der Bus bald kommt.

3 Schreibe die Sätze. Kennzeichne jeweils das Komma und das Bindewort **als**.

4 Schreibe Sätze mit **weil**: Ich bin glücklich, ... Ich bin aufgeregt, ...

5 Schreibe Sätze mit **dass**: Ich freue mich, ... Es gefällt mir, ...

Die Kinder spielen mit Vater „Stadt, Land, Fluss“.
Draußen gießt es schon den ganzen Tag.
Plötzlich bekommt Vater einen Schreck.
„Mein Auto steht auf der Straße“, ruft er.
„Na und?“, wundert sich Karla.
„Ich habe vergessen,
das Dach zu schließen“, sagt Vater.
Er reißt die Tür auf und rennt hinaus.
„Aber nicht schummeln!“, ruft er noch.

1 Schreibe eine Überschrift.

2 Kennzeichne im Text fünf Wörter mit **ß** und schreibe sie.

3 Ordne die Verben in die Tabelle ein: er gießt, er goss, er hat gegossen, …

er gießt   sie hat geschlossen   er biss   er goss   er hat gebissen
er beißt   sie schließt   er hat gegossen   sie schloss

	Präsens	Präteritum	Perfekt

4 Setze die Silben zusammen.

Stra   drau   flei   flie   Fü   grü   schie   –   ße   ße   ßen   ßen   ßen   ßen   ßig

Die Kinder	lesen Vaters Zettel.
	rennen mit hinaus.
	schauen im Internet nach.

5 Schreibe die Wörter nach Wortfamilien geordnet.

der Fluss er aß der Esstisch geflossen essbar fließen flüssig essen

6 Schreibe die letzten vier Zeilen des Textes ab und füge einen Schluss hinzu.

7 Schreibe Sätze mit den Adjektiven aus der Wörterliste.

f 38 g 55 s 195 w 22

Das ß wird zu ss, wenn sich der lange Selbstlaut im Wortstamm in einen kurzen Selbstlaut verändert.

es gießt – es goss, er beißt – er biss

l	x	S	p	a	ß	S	H	z	Y	s
F	o	Q	h	o	g	i	e	ß	e	n
ü	A	o	l	s	t	o	ß	e	n	u
ß	f	r	s	c	h	i	e	ß	e	n
e	V	T	U	m	U	B	f	l	M	o
s	c	h	l	i	e	ß	l	i	c	h
G	B	S	t	r	a	ß	e	C	u	s
l	g	l	s	v	m	j	i	C	Y	ü
u	p	o	d	r	a	u	ß	e	n	ß
m	W	Y	W	X	r	z	i	k	e	n
k	j	g	r	o	ß	L	g	j	l	L

1 In dem Suchrätsel sind elf Wörter mit **ß** waagerecht und senkrecht versteckt. Kennzeichne sie.

2 Schreibe die Wörter.

3 Schreibe die Nomen in der Mehrzahl und in der Einzahl: die Flöße, das Floß, …
Kennzeichne in der Mehrzahl den stimmlosen und den stimmhaften **s**-Laut.

die Flöße	die Füße
die Späße	die Grüße

die Gläser	die Gräser
die Häuser	die Mäuse

4 Schreibe die Wörter aus Aufgabe 2 nach dem Alphabet geordnet.

5 Trage die Wörter aus Aufgabe 2 waagerecht ein. Wie heißt das Lösungswort?

6 Schreibe die Sätze mit den Verben in der gebeugten Form.

beißen	lesen	lösen	schließen	verreisen

- Sie ▬ ein Buch.
- Sie ▬ ein Rätsel.
- Er ▬ in den Apfel.
- Er ▬ die Tür.
- Die Familie ▬.

7 Schreibe die Sätze aus Aufgabe 6 in der Vergangenheit: Sie las …

Den s-Laut nach langem Selbstlaut schreibt man ß, wenn er in der Verlängerung stimmlos bleibt:
Füße – Fuß, gießen – gießt

Den s-Laut nach langem Selbstlaut schreibt man s, wenn er in der Verlängerung stimmhaft wird:
Mäuse – Maus, lesen – liest

Hobbys

Es ist Sonntag.
Da kann Jonas in Ruhe Comics lesen.
Seine Schwester Karla sitzt am Computer und surft im Internet.
„Wer will mit mir joggen?“, fragt Mutter.
„Ich!“, ruft Karla. „Das hält fit.“
„Ich fahre mit dem Mountainbike hinter euch her“, sagt Jonas.
Und was macht Vater?
Er hat ein anderes Hobby: Er kocht.

1 Womit fährt Jonas? ☐ BMX-Rad ☐ Mountainbike ☐ Skateboard

2 Kennzeichne die Fremdwörter im Text.

Comics Computer fit Hobby Internet joggen Mountainbike surft

3 Schreibe die Fremdwörter. Schreibe die Nomen mit bestimmtem Artikel.

4 Schreibe die Sätze.

Jonas liest gern ___. Karla ___ im Internet. Mutter will im Wald ___.
Vater hat ein anderes ___. Jonas fährt mit dem ___.

5 Im Bild sind Namen für die Nahrungsmittel zu sehen. Schreibe sie.

6 Ordne die Nomen aus Aufgabe 5 nach dem Alphabet.

7 Schreibe die letzten beiden Zeilen des Textes ab und füge einen Schluss hinzu.

8 Sammle weitere Fremdwörter. Arbeite mit dem Wörterbuch.

Wörter aus anderen Sprachen nennt man **Fremdwörter**:
Hobby, joggen, fit

Wie sie geschrieben werden, muss man sich merken.

1 Suche die Fremdwörter im Bild und schreibe sie.

(1)	(6)
(2)	(7)
(3)	(8)
(4)	(9)
(5)	(10)

2 Schreibe die Fremdwörter aus Aufgabe 1 nach dem Alphabet geordnet.

3 Schreibe die Sätze.

Jonas trägt gern  und .

Karla mag am liebsten  und .

4 Schreibe die Fremdwörter nach Wortfamilien geordnet.

joggen Surfer Jeans Jogginghose surfen jeansblau Surfbrett Jogger Jeansjacke

5 Schreibe die Nomen aus Aufgabe 4 nach Lebewesen und Dingen geordnet auf.

6 Schreibe und male, welche Kleidung du am liebsten trägst.

Elefanten und Mäuse

„Haben Elefanten wirklich Angst vor Mäusen?“, fragt Linus.
„Nach meiner Kenntnis stimmt das nicht“, sagt Vater.
„Elefanten sind nur ängstlich,
wenn sie etwas nicht kennen.
Bei den Elefanten leben immer auch Mäuse,
denn da gibt es viel Futter und gute Verstecke.
Darum sind Mäuse den Elefanten bekannt.“
„Aber ängstigen sich die Mäuse nicht?
Die Elefanten sind doch sicher gefährlich
für so kleine Tiere“, sagt Linus.

1 Warum haben Elefanten keine Angst vor Mäusen?

2 Kennzeichne im Text jeweils drei Wörter zu diesen beiden Wortfamilien und schreibe sie.

ängstigen	
kennen	

3 Schreibe die Wörter nach Wortfamilien geordnet.

ich gebe	Stimmung	sie lebten	lebhaft	Zugabe	abstimmen
verstimmt	lebendig	gegeben	Stimme	Lebewesen	er gibt

geben	leben	stimmen

4 Setze passende Wörter aus der Wortfamilie **gefährden** ein.

gefährden	Gefährdung	gefährlich	Gefährlichkeit	Gefahr	gefahrlos

Der  kann für die  ____________ sein.
Wenn die  kommt, sind die  in ____________ .
Im Stroh können sich die  ____________ verstecken.

5 Schreibe die letzten beiden Zeilen des Textes ab und füge einen Schluss hinzu.

6 Schreibe den Text mit deinem Schluss ab.

1 Suche die Wörter in der Wörterliste und schreibe sie.

2 Setze Wörter aus Aufgabe 1 in den passenden Formen in den Sachtext ein.

Ein Elefant ________________ bis zu 150 Kilogramm Heu und Stroh am Tag.

Er ________________ etwa 150 Liter Wasser täglich.

Elefanten werden höchstens 80 Jahre ________________ .

Elefantenbullen sind ________________ als Elefantenkühe.

Ein ausgewachsener Elefant ________________ ungefähr 6 Tonnen.

Ein Elefantenbaby ________________ erst nach 22 Monaten zur Welt.

3 Kennzeichne in zwei Farben die Wörter der beiden Wortfamilien und schreibe sie.

Gewicht	bekommen	gewogen	bekömmlich
Einkommen	es wog	abwiegen	ankommen

kommen ____

wiegen ____

4 Vervollständige den Steckbrief über die Feldmaus.

Größe:	etwa	______	cm
______ :	höchstens	______	Jahre
Gewicht:	ungefähr	______	g
______ :	täglich	______	Körner
______ :	täglich	______	Wasser
Nachwuchs:	bis zu	______	jedes Jahr

5 Schreibe die Wörter und kennzeichne den Wortstamm: wachsen, …

ausgewachsen	erwachsen	Gewächs	gewachsen
Nachwuchs	wachsen	wächst	Wachstum

______

______

6 Suche Wörter zu den Wortfamilien **fressen** und **trinken**. Arbeite mit dem Wörterbuch.

Das weiß ich!

① Mit **wer** oder **was** fragt man nach dem ______________.

② Zwischen Wörtern einer Aufzählung steht ein ______________.

③ Nomen können durch ______________ ersetzt werden.

④ **Fahrzeug**, **fahren** und **gefahren** gehören zu einer ______________.

⑤ Das Prädikat ist immer das ______________ im Satz.

⑥ Vor Nomen kann man bestimmte oder unbestimmte ______________ setzen.

1 Ergänze die Fachbegriffe.

Adjektive	Artikel	Begleitsatz	Komma	Perfekt	Pronomen
Satzglieder	Subjekt	Verb	Wortarten	Wortfamilie	Zukunft

(7)

Das

____

wird mit **haben** oder **sein** gebildet.

(8)

Die

____

eines Satzes kann man umstellen.

(9)

Nomen, Verben, Adjektive sind

__________________.

(10)

____

haben Vergleichsstufen.

(11)

Der

____

kann vor oder nach der wörtlichen Rede stehen.

(12)

Heute ist die Gegenwart und morgen die

__________________.

2 Trage die roten Buchstaben aus den Fachbegriffen ein.
Schreibe das Lösungswort.

1	2	3	4	5	6	7	8	9	10	11	12

____

Nachschlagen: Sprache untersuchen

Nomen

Einzahl und **Mehrzahl**:

der Berg – die Berge,
die Bank – die Bänke,
das Pferd – die Pferde → S. 58–60

Zusammengesetzte Nomen:

das Stroh, der Halm → der Strohhalm,
stehen, die Lampe → die Stehlampe,
bunt, das Papier → das Buntpapier
→ S. 2 → S. 30–33

Wortbausteine bei Nomen:

die Gesundheit, die Fröhlichkeit,
das Geheimnis, die Einladung,
die Freundschaft → S. 70–73

Nomen und die **vier Fälle**:

Nominativ (Wer oder was?):
Der Vater bastelt.
Akkusativ (Wen oder was?):
Paul fragt den Vater.
Dativ (Wem?):
Paul hilft dem Vater.
Genitiv (Wessen?):
Das ist das Buch des Vaters. → S. 34–37

Pronomen

Pronomen können Nomen **ersetzen**:

der Elefant → er,
die Schule → sie,
das Baby → es → S. 4 → S. 56–57

Pronomen **verändern sich**
in den vier Fällen:

Er sieht den Hasen. Er sieht ihn.
Er hilft der Maus. Er hilft ihr. → S. 56–57

Artikel

Geschlecht:

männlich: der Vater, ein Vater,
weiblich: die Mutter, eine Mutter,
sächlich: das Kind, ein Kind → S. 34

Artikel verändern sich in den **vier Fällen**:

Paul fragt den Vater.
Paul hilft der Mutter. → S. 34–37

Verben

Grundform und **gebeugte Formen**:

gehen – ich gehe,
du gehst,
er geht,
wir gehen,
ihr geht,
sie gehen → S. 2–5

Wortbausteine bei Verben:

mitmachen – er macht mit,
vorgehen – sie geht vor,
bestellen – er bestellt,
verstehen – sie versteht
→ S. 33 → S. 66–68

Zeitformen:

Präsens (Gegenwartsform):
er fährt, sie sucht
→ S. 20 → S. 62 → S. 78

Präteritum (Vergangenheitsform):
er fuhr, sie suchte
→ S. 20 → S. 78

Perfekt (Vergangenheitsform
aus zwei Teilen):
sie sind gefahren, sie haben gesucht
→ S. 28–29 → S. 78

Zukunft:
ich werde fahren, du wirst suchen
→ S. 61–63

Adjektive

Wortbausteine bei Adjektiven:

lustig, mutig,
fröhlich, glücklich → S. 74–75

Vergleichsstufen:

klein – kleiner – am kleinsten
Der Hund ist klein.
Die Katze ist kleiner als der Hund.
Die Maus ist am kleinsten.
→ S. 5 → S. 54–55

Satzarten

Aussagesatz:

Der Hund kommt her.

Fragesatz:

Kommt der Hund her?

Ausrufesatz:

Komm her!

→ S. 8–9

Satzglieder

Satzglieder kann man **umstellen**:

Sie | entdeckt | ein Buch | in der Kiste.
In der Kiste | entdeckt | sie | ein Buch.
Entdeckt | sie | in der Kiste | ein Buch?

→ S. 40–41

Subjekt:

Wer oder was findet die Kiste?
Die Kinder finden die Kiste.

Wer oder was steht im Keller?
Die Kiste steht im Keller.

→ S. 44–45

Prädikat:

Das Prädikat ist das Verb im Satz:

Die Kinder finden eine alte Kiste.
Die Kiste steht im Keller.

→ S. 45

Ergänzung im **Akkusativ**:

Wen oder was suchen die Kinder?
Die Kinder suchen Opa.
Wen oder was finden die Kinder?
Die Kinder finden eine alte Kiste.

→ S. 48–49

Ergänzung im **Dativ**:

Wem helfen die Kinder?
Die Kinder helfen dem Opa.

→ S. 49

Satzzeichen

Satzschlusszeichen:

Punkt:
Ich komme mit **.**

Fragezeichen:
Kommst du mit **?**

Ausrufezeichen:
Komm mit **!**

→ S. 8–9

Redezeichen, Doppelpunkt und **Komma** bei wörtlicher Rede:

Begleitsatz **vor** der wörtlichen Rede:
Die Kinder fragen **:** „ Wo ist Struppi? “
Begleitsatz **nach** der wörtlichen Rede:
„ Wir holen Struppi “ , sagen die Kinder.
„ Wo ist Struppi ? “ , fragen die Kinder.
„ Er ist wieder da ! “ , rufen die Kinder.

→ S. 10–13

Komma bei Aufzählungen:

Struppis Ohren sind kurz, spitz und niedlich.
Er kann rennen, bellen und beißen.

→ S. 6–8

Komma vor Bindewörtern:

Wir waren traurig, als die Musik aufhörte.
Ich finde, dass Mia nett ist.
Das Fest gefällt mir, weil alle lustig sind.

→ S. 76–77

Wortfelder

Ein Wortfeld besteht aus Wörtern, die etwas Ähnliches bedeuten:

gehen, rennen, springen, hüpfen, …
sprechen, rufen, fragen, antworten, …

→ S. 69

Nachschlagen: Rechtschreiben

Wörter mit ie und i

Der lange Selbstlaut „i" wird meistens **ie** geschrieben:

Spiel,
verlieren,
wieder → S. 18–19

In manchen Wörtern wird für den langen Selbstlaut „i" nur **i** geschrieben:

Kino,
Maschine,
Tiger → S. 20–21

Wörter mit ah, eh, ih, oh, uh

Das **h** nach langem Selbstlaut bleibt in allen Wörtern einer **Wortfamilie** erhalten:

fahren, fährt, Fahrzeug, …
stehlen, gestohlen, Diebstahl, … → S. 22–23

Wörter mit aa, ee, oo

Es gibt nur wenige Wörter mit **doppeltem Selbstlaut**:

paar,
See,
Boot → S. 26–27

Umlaute

Zu vielen Wörtern mit **ä** oder **au** gibt es **verwandte Wörter** mit **a** oder **au**:

er schläft – schlafen,
stärker – stark,
er träumt – der Traum → S. 50–52

Es gibt nur wenige Wörter, die **nicht** von einem **verwandten Wort** mit **a** oder **au** abstammen:

der Bär,
die Säge,
das Mädchen → S. 53

Das h am Silbenanfang

In der Grundform der Verben kann man das **h** am Silbenanfang hören:

ge – hen,
se – hen

Das **h** bleibt in allen gebeugten Formen des Verbs erhalten. → S. 24–25

Wörter mit doppeltem Mitlaut

Doppelte Mitlaute stehen nur nach **kurzem Selbstlaut**:

Keller,
wissen,
öffnen

So werden Wörter mit doppeltem Mitlaut **getrennt**:

hof – fen,
aber: Hoff – nung → S. 38–39

Wörter mit tz

Nur nach **kurzem Selbstlaut** steht **tz**:

Schatz,
setzen,
schmutzig

So werden Wörter mit **tz** **getrennt**:

sit – zen,
aber: plötz – lich → S. 42–43

Wörter mit ck

Nur nach **kurzem Selbstlaut** steht **ck**:

Glück,
packen,
schrecklich

So werden Wörter mit **ck** **getrennt**:

ba – cken,
aber: Back – ofen → S. 46–47

Wörter mit ß und ss, ß und s

Das **ß** wird zu **ss**, wenn sich
der lange Selbstlaut im Wortstamm
in einen kurzen Selbstlaut verändert:

es gießt – es goss,
er beißt – er biss → S. 78–79

Den **s**-Laut nach langem Selbstlaut
schreibt man **ß**, wenn er
in der Verlängerung **stimmlos** bleibt:

Füße – Fuß,
gießen – gießt → S. 80–81

Den **s**-Laut nach langem Selbstlaut
schreibt man **s**, wenn er
in der Verlängerung **stimmhaft** wird:

Mäuse – Maus,
lesen – liest → S. 80–81

Auslautverhärtung bei d, g und b

Ob in einem Nomen **d** oder **t**,
g oder **k**, **b** oder **p** stehen muss,
hört man in der **Mehrzahl**:

Freunde → Freund,
Brote → Brot,
Burgen → Burg,
Bänke → Bank → S. 58–60

Ob in einem Verb
g oder **k**, **b** oder **p** stehen muss,
hört man in der **Grundform**:

fragen → er fragt,
merken → er merkt,
glauben → er glaubt,
hupen → er hupt → S. 62–63

Ob in einem Adjektiv
d oder **t**, **g** oder **k** stehen muss,
hört man in der **Vergleichsstufe**:

älter → alt,
wilder → wild,
klüger → klug,
stärker → stark → S. 64–65

Wortfamilien, verwandte Wörter und Wortstamm

Verwandte Wörter bilden
eine **Wortfamilie**.
Sie haben einen Teil,
der meistens gleich
oder ähnlich geschrieben wird.
Diesen Teil nennt man **Wortstamm**:

kennen,
bekannt,
erkennen → S. 22–23
→ S. 50–53 → S. 86–89

Fremdwörter

Wörter aus anderen Sprachen
nennt man **Fremdwörter**.
Wie sie geschrieben werden,
muss man sich merken:

Hobby,
joggen,
fit → S. 82–85

Anredepronomen in Briefen

Die Anredepronomen
Sie, Ihre, Ihnen
schreibt man
im Brief **groß**. → S. 14–15

Die Anredepronomen
Du, Dein, Dir, Dich
und Euch, Euer, Ihr
schreibt man im Brief
auch klein. → S. 16–17

Nachschlagen: Texte schreiben

Einen Text planen

- Überlege dir, was du erzählen willst.
- Sammle Wörter zu deiner Schreibidee.
- Denke darüber nach,
  wie dein Text beginnen
  und wie er enden soll.

Schreiben

- Schreibe deinen Text.
  Benutze dabei deine Planung.
- Du kannst mit der Überschrift beginnen
  oder sie dir zum Schluss ausdenken.

Beraten (Schreibkonferenz)

- Lies deinen Text anderen Kindern vor
  oder gib ihnen eine Kopie.
- Lass dir sagen, was du gut gemacht hast
  und was du noch verbessern kannst.

Überarbeiten

Überprüfe und verbessere deinen Text:
- Steht alles Wichtige im Text?
- Sind die Satzanfänge abwechslungsreich?
- Sind Wiederholungen vermieden?
- Sind treffende Verben und Adjektive
  verwendet?
- Sind die Zeitformen richtig gebraucht?
- Ist alles in der richtigen Reihenfolge
  geschrieben?

Schreibe deinen Text noch einmal.

Veröffentlichen (Präsentieren)

Wenn der Text veröffentlicht werden soll,
muss er gut lesbar
und fehlerfrei geschrieben sein.
- Lege die Form fest:
  Plakat, Buch, Geschenk, ...
- Wähle die Schreibwerkzeuge:
  Füller, Buntstifte, Computer, ...
- Gestalte den Text:
  Bilder, Überschrift, Verpackung, Rahmen, ...